JN303740

感化力

スキルの先にあるリーダーシップ

Leadership that transcends skill

Power to Influence

大川隆法

Ryuho Okawa

まえがき

本書を熟読《じゅくどく》されれば、私が、マスコミが古典的なレッテルを貼《は》りたがる「新宗教家」ではないことがわかるであろう。

本書の中に屹立《きつりつ》している独立不羈《どくりつふき》の精神は、私が、現代語で語る哲学者であり、一人の思想家であり、時代のリーダーでもあることを示している。

そして数多くの経営者やビジネスリーダーたちを現実に指導している、精神世界のマスターでもあることがわかるだろう。ヘーゲル的な意味において、日本と世界の「時代精神」となりつつあるのを感じている。

本書が、あなたの人生と、あなたを取り巻く世界の、新しい始まりとなるであろう。

二〇〇七年　七月

幸福《こうふく》の科学《かがく》グループ創始者兼総裁《そうししゃけんそうさい》　大川隆法《おおかわりゅうほう》

contents

目次

Power to Influence
Leadership that transcends skill

まえがき……1

Part.1

第一部 タフな自分をつくる

第1章 「説得力」が増す人間関係学

1 成功を呼ぶ「話の聴《き》き方」……10
2 人間関係がスムーズになる「距離《きょり》の取り方」……18
3 目上の人の心を動かす説得術……24

第2章 理想を実現できる人、できない人

1 長所を伸《の》ばせば、環境《かんきょう》は変化する……32
2 運命は変えることができる……38
3 理想を実現するための「粘《ねば》り抜《ぬ》く力」……44

Part.2

第二部 感化力あるリーダーシップ

第1章 市場《しじょう》で生き残る人になるために

1 指導力の元になるものとは …… 74
2 市場で淘汰《とうた》されないための、ただ一つの法則 …… 86
3 坂本龍馬《さかもとりょうま》のような、「肚《はら》のできた人物」になる方法 …… 95

第3章 もっとタフな自分になる

1 政治・経済に強くなるには …… 52
2 スピリチュアルに自分を見つめる …… 59
3 嫉妬《しっと》や批判に、どう対処するか …… 67

第2章　あなたへの信頼感《しんらいかん》が高まる、人の生かし方

1　それは、リーダーの愛か？　エゴか？……102
2　部下を奮《ふる》い立たせる「叱《しか》り方」……107
3　西郷隆盛《さいごうたかもり》の限界……116

第3章　「愛」と「智慧《ちえ》」で、リーダーシップに差をつける

1　指導力が変わる「悟《さと》り」と「魂《たましい》の器《うつわ》」……126
2　大きな仕事をする五つの武器……131
3　リンカンやナポレオンに見る、国民を導く指導者像……137
4　文明の流れから、今後の国際情勢を読み解く……147

Part.3

第三部　ストレスを乗り切る秘訣《ひけつ》

第1章　心の波立ちを静めて、仕事に成果を

1 疲労《ひろう》、いらだち、憂鬱《ゆううつかん》感を乗り切るコツ……168
2 デキる人ほど難しい？「平静心」の磨《みが》き方……173
3 「欲が過ぎて不幸になる人」の特徴《とくちょう》……181

第2章　ストレス知らずの決断力の磨き方

1 管理職のためのスランプ脱出法《だっしゅつほう》……192
2 最善の選択肢《せんたくし》を選ぶ秘訣……201
3 経営不安を断ち切る決断の仕方……207

第3章　深い人生観、本物の自信で大きな器に

1　劣等感《れっとうかん》と優越感《ゆうえつかん》のあいだを揺《ゆ》れ動く人へ……218
2　他人に左右されない「真の自信」を得るには……227
3　さわやかな人間になるための三つの条件……238

あとがき……246

Part.1

第一部 タフな自分をつくる

第1章 「説得力」が増す人間関係学

Power to Influence

Leadership that transcends skill

Q

1 成功を呼ぶ「話の聴《き》き方」

人からのアドバイスなどを正しく聴《き》くためには、どのようにすればよいのでしょうか。そのポイントを教えてください。

A

どのような人からでも学ぶ態度を

人の話を正しく聴くことは非常に重要です。
点検ポイントとして一番目に必要なのは、「人から学ぶ気があるか」ということです。これが出発点になります。人から学ぶ気がない人は、正しく聴くことが絶対にできません。

人の言葉が耳に入らない人は、たいてい、自我の強い人、プライドの強い人です。そういう人は、根本的に、人から学ぶ気がありません。ただ、本人は、それに気づいていないのです。

人から学ぶ気があるならば、次に、取るべき態度があります。それは、アドバイスをしてくれる人の欠点、悪いところを考えるのではなく、その人のよいところを受け止めようとすることです。これが二番目の点検ポイントです。

「人から学ぼう」と決めたならば、徹底的《てっていてき》に、貪欲《どんよく》に学んでいく必要があります。その際、相手の地位や性別、年齢《ねんれい》などは関係がありません。相手がどのような人であっても、その人から学ぶことはあるものです。

ところが、相手に対して、「自分よりも貧乏《びんぼう》だ」「自分よりも若い」「自分よりも立場が低い」「自分よりも学歴がない」などという、いろいろな先入観を持ち、それで遮《さえぎ》ってしまえば、その人から学ぶことはなくなります。

「自分より上位の人からは話を聴くけれども、それ以外の人の話は聴かない」という態度であれば、人生を狭《せば》めていくことになるのです。

「どのような人からでも学ぼう。その人のよいところを学んでいこう。他の人の意見を聴いて、何か糧《かて》を得ていこう」という態度が大事です。

他人のアドバイスで人生が変わることも

三番目のポイントは、人の意見を聞き流すのではなく、何らかのかたちで自分の実生活に役立てようと思うことです。

四番目は、人から聴いて学んだことを実践《じっせん》に移し、それが役に立った場合には、それを他の人にも教えてあげることです。これは大事です。

自分では気づかないことは幾《いく》らでもあります。ところが、ある人の言葉を聴くことによって、人生がまったく変わってしまうことがあるのです。

したがって、人から聴いたことを実践して、うまくいったならば、同じような問題で悩《なや》んでいる人に対して、それを何かの機会に教えてあげることです。これは大いなる徳であり、愛でもあるのです。

自分の自由になることと、ならないことがある

私が会社に勤めていたころのことですが、ある人の言った言葉が勉強の材料になったことがあります。それは、「人間には、自分の自由になることと、ならないことがある」という言葉です。

その人は、私に対して次のように言いました。

「あなたは、いま考えていることを、自分の自由になることだと思うか。それとも、そうではないと思うか。

自分の自由になることであれば、努力することは可能だが、自分の自由にな

らないことであるならば、ある程度、割り切っていかなくてはならない。

自分が自由にできる領域にあるものについては、しっかり頑張《がんば》ればよいが、自分が自由にできない領域にあるものについては、『そういうものもあるのだ』と割り切らなくてはならない。

自分の自由になることか、ならないことか、どちらなのかを考えて、悩んでもしかたがないことについては、しばらく棚上《たなあ》げするしかない」

これは実に大切な考え方だと思います。

多くの人は、自分の自由にならない部分で一生懸命《いっしょうけんめい》に悩み、逆に、自分の自由になる部分、自分が努力によって変えていける部分については、手をつけず、何もしないでいます。こういう生き方が非常に多いのです。

しかし、自分の自由にならない領域で、ずっと問題を抱《かか》えていたとしても、それで人生に何ほどの展開があるでしょうか。

そこで、私は次のことを実践してきました。

まず、「自分の自由になる部分は、どこだろうか」ということを考え、自由になる部分については自己変革をしていきます。

しかし、自分の自由にならない部分については、教訓を学んだ上で、しばらく圏外《けんがい》に置いておくのです。それは、やがて解決することもあれば、解決しないこともありますが、そういう割り切り方を私は学びました。

これは成功の方法の一つだと思います。

感情は自分で統御《とうぎょ》できる

自分の自由にならないことの最たるものは、他人の気持ち、感情です。これは、ほんとうに自由にならないところがあります。他人に対してアドバイスをすることはできますが、それで相手を変えることができるとは限りません。

しかし、自己の感情は、自分で統御《とうぎょ》することができます。

たとえば、友人と喧嘩《けんか》をした場合、自己の感情をコントロールすることは完全に自分の領域です。相手に対して、どういう考え方をするかは、百パーセント自分の自由なのです。

一方、相手については、「自分は、言うべきことは言い、伝えるべきことは伝えた。これ以上はできない」ということであれば、「あの人は、これが魂《たましい》の糧となって、きっとよくなるだろう。あの人にとって、これは、やがてプラスになっていくだろう」ということを信じることです。

十年間、その人のことをずっと恨《うら》み、悪口を言いつづけるか。一日で忘れ、その人を許してしまうか。それは自分自身の領域です。

自己の感情については、自分で完全に掌握《しょうあく》し、コントロールしていく必要があるのです。

叡智《えいち》を蓄《たくわ》えよ

ポイントを四つ述べましたが、「人から聴いたことを実践し、よかったならば、それを他の人に教える」という訓練をすることによって、また、いろいろなことが学べるのです。

他の人に分けてあげられるような智慧《ちえ》を得て、それを他の人に教えると、また、いろいろなことを学んでいけます。そして、蓄《たくわ》えられたものが、あなたの叡智《えいち》となっていきます。それを多く蓄えた人ほど、人格的に立派な人なのです。

2 人間関係がスムーズになる「距離《きょり》の取り方」

職場や家庭における、さまざまな人間関係を、どのように調整していけばよいのでしょうか。

立場の違《ちが》いを認める

職場では、自分の上司の判断を間違《まちが》いだと思うこともあるでしょう。しかし、立場をわきまえずに、ずけずけと意見を言ったりすると、すぐクビになります。そこで、一つの「人間関係調整の原理」が必要になります。それは、「他の人との距離《きょり》の取り方に気をつける」ということです。これが大事です。

別の言葉で言うと、「立場の違いを認める」ということです。この原理がなければ、職場における秩序《ちつじょ》は保てません。

特に、正義感で行動するタイプの人には、相手と同じ土俵に上がりたがる傾《けい》向《こう》があります。誰《だれ》に対しても同じ距離を取り、相手が横綱《よこづな》であろうが大関であろうが、「裸《はだか》でぶつかれば一緒《いっしょ》だ」と考えて、同じ土俵に上がり、相手と取っ組み合いを始めるのです。

しかし、それでは絶対に出世しません。立場の違いを考え、相手に応じて距離の取り方を変える必要があります。これは職場における〝長生き〟の秘訣《ひけつ》でもあります。

「あの人は間違っている」と思って意見を言う場合でも、その人との距離をしっかりと見極《みきわ》めて行動することが必要です。それをせずに、同じ土俵で戦ったならば、失敗の原因になります。

相手に近寄ってよい範囲《はんい》というものがあるのです。たとえば、相手が部長で自分が課長ならば、両者の立場の違いをわきまえた上で、ものを言わなくてはなりません。ところが、部下が上司と同じ土俵に立ったりすれば、組織の論理によって、部下はその職場にいられなくなるのです。

相手が上司であれ部下であれ、他の人を批判する場合には、自分の位置を確かめ、相手との距離に応じて、ものを言うことが必要です。そうでなければ、その職場で長くはもたないのです。

適当な距離を取れず、軋轢《あつれき》をつくりがちな女性

男性は、ビジネス社会のなかで鍛《きた》えられているため、ある程度、他の人との距離の取り方を知っています。

ところが、女性の場合は、相手との距離の取り方が分からず、オール・オア・

ナッシング、つまり、相手と完全に密着するか、相手から完全に離れるか、このどちらかになりがちです。

すなわち、自分が気に入った人に対しては、相手を抱《だ》きかかえるぐらいにまで接近していきますが、嫌《きら》いな相手からは徹底的《てっていてき》に離れます。

その結果、女性は、相手とのあいだに適当な距離を取ることができず、人間関係の軋轢《あつれき》をつくることが多いのです。

しかし、たとえ、嫌《いや》な相手であっても、完全に離れてしまうのではなく、「相手と自分とは、どの程度の関係か」ということをよく見た上で、「この程度の距離を取って、お付き合いするのがよい」と考えるべきです。そうすると、人間関係がうまくいくのです。

また、公私の区別も大事です。女性は、人間関係において、仕事とプライベートを区別できないことも多く、単に「好きか、嫌いか」のどちらかになりやすいのです。そして、つくらなくてもよい葛藤《かっとう》を、たくさんつくってしまいます。

相手との距離の取り方について、女性は男性を少し見習うことも必要でしょう。

家庭での人間関係

夫婦喧嘩《げんか》でも、少し距離を取った上で意見を言えば、夫婦の関係は、おかしくならないのですが、遠慮《えんりょ》なく言いすぎるか、「自分の視界から消えてほしい」というように完全に離れるか、どちらかになってしまうと、〝最終戦争〟に発展してしまいます。

距離の取り方が大事なのは、親子の関係でも同じです。これを間違うと、骨肉の争いになることもあります。

親子の争いが生じそうなとき、子供の側からは、「親を、やがて消えていく存在として見る」という手もあります。「あと十年か二十年の辛抱《しんぼう》だ」と思って、少し距離を取ると、ある程度、親の言うことがきけるのです。ところが、「親は永遠に自分と一緒に生きていくのだ」と思えば、悔《くや》しくてたまらず、喧嘩になるわけです。

また、嫁《よめ》と姑《しゅうとめ》の争いも、たいてい、距離の取り方を間違っていることが原因です。お姑さんが息子夫婦のあいだに入ろうとするから問題が生じるのです。お姑さんが、「息子と嫁が、いちばんの至近距離にあるべきだ」と考え、自分は少し離れた位置にいれば、お嫁さんにいろいろ意見を言っても、うまく収まります。しかし、お姑さんが息子夫婦のあいだに割って入ったならば、全面戦争になってしまいます。

職場であれ、家庭であれ、他の人との距離の取り方に気をつけることが、人間関係調和の原理の一つなのです。

3　目上の人の心を動かす説得術

私は、まだ若いため、仕事で目上の人を説得しようとしても、跳《は》ね返されてしまいます。年下の者が年配者を説得するには、どのようにすればよいのでしょうか。

かわいげのある人間になる

一般《いっぱん》に日本の社会は年功序列型ですし、他の国もだいたいそうで、年配者が上に立つのが常識です。その人にどれだけ能力があるかは外から見ても分からないので、年齢《ねんれい》で判定するということが一般的な方法なのです。これには、社会の秩序《ちつじょ》づくりに役立っている面もあると思います。

したがって、自分より年配の人を説得することが難しいのは当たり前です。通常、相手は「説得されまい」として頑張《がんば》るのです。

どうすればよいかというと、「自分は年下で、相手は年上」ということがはっきり分かる年齢差であるならば、かわいげのある人間になることです。かわいげがあると、相手に「この人を引き立ててやりたい」という気持ちが起きるのです。

年下の人の言うことであっても、その人が、かわいげのある人だと、年上の人は言うことをきいてあげたくなるものです。「まあ、受け入れてやるか」という気持ち、言い換《か》えると、「負けてやるか」という気持ちを、いかに起こさせるかが大事なのです。

それでは、どのようにすれば、かわいげが出てくるのでしょうか。これは、ものの見方や考え方、振《ふ》る舞《ま》い方によって、かわいげを出す以外にないと思います。

若い人のなかには、年配者に非常にかわいがられる人がいます。そういう人は、茶目っ気があって、年配者にも自由に意見が言えるような雰囲気《ふんいき》をつくっているのです。その雰囲気が非常に大事です。

高飛車《たかびしゃ》にものを言わない

年下の人が年配者に対して生意気に話すと、「こしゃくなやつだ。若造が何を言うか」と思われ、だんだん相手にされなくなります。

年配の人が、「私が知らないことのなかにも、もちろん、よいことはあるだろう。しかし、おまえのほうが私より賢《かしこ》いから話を聴《き》けということでは、受け入れられない」と考えるのは当然でしょう。

したがって、年下の人が高飛車《たかびしゃ》にものを言うのはよくありません。「自分は立場も低いし、経験も足りないし、いろいろなことが分かっているわけではない」という点を自分で認めておくことです。

その上で、「こういうことを私は発見しました」という部分を相手に認めてもらうことは可能だと思います。

「あなたの考え方は充分《じゅうぶん》に分かりますが、こういう考え方もあります」という態度で接することです。「説得されている」「操縦《そうじゅう》されている」と相手に思わせないで、その方向へと自然に導くことが大事なのです。

自分のキャラクターを理解してもらう

それから、「自分の型を相手に知ってもらう」という方法もあります。これは、「この人は、こういう人間だ」と相手に理解してもらい、そう理解されているという前提の下《もと》に行動することです。

たとえば、「口は悪いが、気は優しい」「ほんとうは非常に親切な人間だ」など、自分についてのパターンを認識してもらうのです。そうすれば、その理解に基づいて、相手は話を受け入れるようになります。

人間は、よく分からない人の言うことを、なかなか受け入れることができません。そのため、一生懸命《いっしょうけんめい》に防戦することになります。

「自分を理解してもらう」という入《はい》り込《こ》み方も、非常に大事だと思います。

相手から学ぶ気持ちを持つ

さらには、年配者を好きになり、「その人から学びたい」という気持ちを持つことも大事です。

人間は、自分に対して好感を持っている人や、自分から何かを学びたいと思っている人に対しては、心を開くものです。

したがって、相手に好感を持ち、「学びたい」という気持ちで接しながら、相手の話を聴いているうちに、「私は、こういうことを発見しました」というような話をする方法もあります。

年配の人は、頼《たよ》りにされると頑張るものです。あなたが年配者を頼りにすれば、その人は、あなたの話を喜んで聴いてくれるでしょう。

結局、年配者を説得するときには、自分は一段下がりながら、所期の目的を達成するように努力することが大切なのです。

第2章 理想を実現できる人、できない人

Power to Influence

Leadership that transcends skill

1 長所を伸《の》ばせば、環境《かんきょう》は変化する

「環境《かんきょう》が変化すると、新しい視点を得て、成長していくことができる」と聞いていますが、変化しない環境のなかにあっても、欠点を直し、長所を伸《の》ばしていく方法があれば、教えてください。

自分と環境とは互《たが》いに影響《えいきょう》し合っている

そういう方法は、あまりないでしょう。基本的には、能力が伸びると環境も変化します。環境の変化に伴《ともな》って自分の能力が変わるだけではなく、自分の能力が変わってくると必ず環境も変化するのです。

たとえば、同じ部署で、十年、二十年、三十年と仕事をしている人が、短所を直し、長所を伸ばしたならば、その人の環境は絶対に変化します。「こんなに能力の高い人を、このままにはしておけない」ということになって、環境は必然的に変わってくるのです。

現在の部署では能力が溢《あふ》れてしまい、「こんな状態では仕事がおもしろくない。もっともっと働きたい」という人を、そのままで置いておけるわけがありません。そのため、絶対に環境が変化するのです。

環境が変化しないのならば、基本的に、能力もあまり変わっていないはずです。長所も短所も、ほとんど変わっていないのです。

自分が変わった場合には、環境も変わります。環境が変わってきて自分が変わる場合もありますが、自分が変わったために環境が変わる場合もあるのです。そして、自分と環境とは互《たが》いに影響《えいきょう》し合っている面も当然あるでしょう。

総合力を伸ばすか、一つの仕事に熟練するか

会社のなかで、部署が替《か》わり、違《ちが》う仕事を幾《いく》つか体験させられる人は、会社から、「総合的な能力の面で、まだ成長の余地がある」と見られています。それは、その人にとって、ありがたいことです。

しかし、いろいろと部署を替えても、その人がそれほどプラスを生めないようであれば、会社は、その人を一つの部署に固定し、そこでの仕事に熟練させます。一つの仕事に熟練して生み出す成果が、その人の給料を超《こ》えているかぎり、その人はクビにはなりません。しかし、給料が成果を超えてきたら、いよいよ〝肩叩《かたたた》き〟が始まるのです。

いろいろな部署に動かしてもらえるのであれば、その人は、マネジャー、管理職になっていくための総合的な能力について、会社から、まだ期待してもらっているわけです。

そういう能力はないと見たら、会社は、その人を一カ所に固定して、「成果が給料に見合っているかどうか」という判断をします。そして、成果が給料に見合っていない場合は、同じ部署にいても、降格になるなどして給料が下がります。そうならないときはリストラに遭《あ》います。どのような組織でも、おそらく、そのようになるでしょう。

それは、「奪《うば》う愛か、与《あた》える愛か」という考え方を仕事に当てはめてみても、そうなるのです。

ある人が、たとえば会社から年収二百万円の給料をもらっているとします。二百万円の給料をもらうためには、その人が会社で生み出す付加価値は二百万円では済みません。会社は、事務所の家賃、電気代や水道代などを払《はら》わなくてはなりませんし、さまざまな備品を買う必要もあります。また、その人以外にも大勢の人が仕事をしています。いろいろな費用を合わせると、二百万円の給料をもらうためには、一千万円以上の付加価値を生み出していなくてはならないわけです。ところが、そういうことに気がついていない人は、いまの成果で自己満足をしているのです。

環境に変化がないと思うときは、自分の内面を深めていく

私が幸福の科学を設立したのは一九八六年です。それ以降、現在までのあいだに、私を取り巻く環境は変わっています。教団も変わっています。世間も変わっています。周りが変わっているのです。

周りが変わる以上、私の自己認識《にんしき》も変わってきます。自己認識が変われば、外に向けて発信するものも変わってきます。発信するものが変われば、外も変わってきます。このようなキャッチボールはずっと続いていて、以前の私と現在の私とは、同じではないのです。みなさんも、おそらくそうでしょう。

環境が変化しないなかで能力を変えられるかというと、なかなか変えられません。自分を変えたいと思っている人は、同じところにいて、自分も周りの人たちも、まったく変化がなかったならば、ふっと、ほかの職業を求めて移動していくものなのです。

環境に変化がないと思うときに、自分を変えようとしたら、その対象は内省的な感覚の部分でしょう。環境に変化がなくても、「内面を深めていく」ということは可能だと思います。内面を深め、広げていけば、それもまた次なるエネルギーに転化していくでしょう。

そのためには、もちろん、勉強も必要ですし、考えを練って深くしていくことも必要です。以前には考えられなかったようなことが、考えられるようになってくることも変化です。

ただ、やはり、能力が変化すれば必ず環境も変化するものなのです。

Q

2　運命は変えることができる

「人間は、この世に生まれる前に、あの世で自分の人生計画を立てている」と教えていただいていますが、生まれてから、その計画を変更《へんこう》することは可能なのでしょうか。

A

人生計画の変更《へんこう》は可能である

人の性格がいろいろあるように、生まれる前の人生計画の立て方は人によって違《ちが》いがあり、かなりの精度で決める人もいれば、いいかげんな人もいます。なかには、生まれる場所と両親だけを決めて、あとは何も考えずに生まれてくる人もいます。「楽しければいいな」と思って、ポンと出てくる人もいるのです。

これには、その人の霊格《れいかく》（魂《たましい》の進化のレベル）も多少は関係しています。地上で大きな使命を持っている人ほど、細かい部分まで計画していることが多いのは事実です。

しかし、人生においては運命の修正が明らかにあります。生まれる前に立てた人生計画には、変えていける面があるのです。

生きているうちに条件や環境《かんきょう》は変わってきます。そのため、最初に考えたものより、もっとよい魂修行《しゅぎょう》が出てくることもあります。

生まれる前には、「自分の能力からいけば、こんなものだろう」と思っていたところが、生まれて何十年かたってみると、本人の努力によって、意外によいところまで来ていることがあるのです。

こういうときには、生まれる前に立てた計画のままで行くことは必ずしも得ではありません。せっかく生まれてきたのですから、しっかり学ばなければ損です。したがって、目標をもっと上方へシフトしなければいけないし、そのために、その人の守護霊《しゅごれい》や指導霊《しどうれい》も頑張《がんば》ります。

逆に、人生が計画よりもうまくいかず、高すぎた目標を下方へシフトすることになる人もいます。

幸運をもたらす人と出会うには

運命の修正においては、もう一つ決定的な事実があります。それは、「人生は自分一人で決められるものではない」ということです。やはり、他の人の存在は極《きわ》めて大きいのです。他の人の力によって運命は変わっていきます。

中国には「貴人《きじん》」（貴《とうと》い人）という言葉があって、中国人は、「あなたは貴人に会われましたか」「あなたは、近々、貴人に会うのではないですか」というような会話をするそうです。

これは、「幸運をもたらす人が現れる」という考え方です。そういうことは実際にあります。

いろいろな人の力を借りても実現できないことは、地上には、ほとんどありません。自分一人が、もがいているだけでは、なかなか実現できないことでも、しっかりした協力者が出てくれれば、簡単に実現できるのです。

それでは、そういう人と出会うための条件は何でしょうか。

ここで、あなたの「徳」というものが問題になってきます。

あなたに徳が形成されていると、協力者が出現して、運命の好転が始まりますが、徳の部分が足りないと、あなたを助ける人が出てきても、あなたは逆方向にそれ、もっと悪いほうへ行《い》ってしまうのです。こういうことは幾《いく》らでもあります。

人生のターニングポイント（転換点《てんかんてん》）のところで、間違った選択《せんたく》をすると、いったん沈《しず》み、元に戻《もど》すのに五年や十年はかかります。そして、再び選択肢《し》が出てきます。これで上へ行けばよいのですが、また下へ行く場合もあります。こうして、だんだん下がっていく人もいれば、逆に上がっていく人もいます。

このように、ターニングポイントでの選択によって、人生には、いろいろと起伏《きふく》が生じます。ある程度の幅《はば》が人生にはあるのです。

徳を磨《みが》き、器《うつわ》をつくる努力を

運命に関しては、今世《こんぜ》の修行や努力による変更がそうとうあります。

また、他の人の協力と守護・指導霊の指導は、人生にとって大きな影響力《えいきょうりょく》を持っています。そして、この両方を引き出すためには、本人の努力の結果として生まれてくる徳が大きな要素を占《し》めているのです。

人生には、何度かターニングポイントがあります。そこにおいて、よい方向に行けるようにするためには、日ごろから、徳を磨《みが》き、器《うつわ》をつくっていくことが大事です。そういう努力をして光の出ている人に対しては、必ず導きがあります。この導きは、その人にとって大きな力となるでしょう。

幸福の科学は、〝人生の有段者〟が考えるような、レベルの高い人生観を提示しています。これに沿って生きることで、その人の人生は上方にシフトしていく可能性が極めて高いのです。

どうか、運命を修正していく努力をしてください。運命は修正が可能です。特に、守護霊以上の高級霊たちが願っている方向であれば、その方向へと変えていき、従来のシナリオ以上のシナリオをつくることは可能なのです。

3 理想を実現するための「粘《ねば》り抜《ぬ》く力」

理想を心に描《えが》きつづけていても、なかなか実現しない場合、その思いが執着《しゅうちゃく》となって苦しみをつくることがあります。このときの対処法を教えてください。

時間を耐《た》える

人生修行《しゅぎょう》において、理想を実現する際に、いちばん大事な勘《かん》どころは、「時間を耐《た》える」ということです。これが非常に大事なのです。

私の著書『大川隆法　初期重要講演集　ベストセレクション⑤』（幸福の科学出版刊）の第4章「伝道の精神」のなかでも、「伝道に際して、第一番に大切な心は『忍耐《にんたい》』であります」と述べてあります。忍耐のところは非常に大きな修行です。

理想というものは、正念《しょうねん》、正しい念を持ち、時間を耐えて修行していくなかで、必ず実現していくものです。理想の実現を願っているのに、よい結果が出ないので焦《あせ》ったり、それが執着になったりするのであれば、正しい修行のあり方ではないのです。

理想の実現を焦って苦しみをつくってしまう場合には、その理想実現の願いが、ほんとうに心の深いところから出ているものではなく、心の非常に浅いところでの思いなのではないかということを、点検する必要があります。

正しくない願いは成就《じょうじゅ》しないほうが幸福なのです。ところが、それが分からないことは多いのです。

たとえば、「自分は、こうしたい。こうするのが天の意志だ」と思うことがあるでしょう。しかし、時間がたってみると、「あのときに実現しなくてよかった」と分かる場合もたくさんあるのです。

天意と違《ちが》うときには軌道《きどう》修正を

自分の願いが、天意、天の意志に適《かな》ったものであるかどうかの判断は、その時点での自分の認識力《にんしきりょく》にかなり支配されます。そのため、忍耐をしながら努力している過程で生じてくる結果を、冷静に見る必要があります。それがどのように表れてくるかを見て、天意がどちらにあるかを判断することです。

それによって、「天の意志は、自分が思っていることとは違《ちが》う」ということが分かったときには、その天意のままに運命を受け入れる覚悟《かくご》をすることが大事です。

人間心で思うことには、正しくないものもあります。その時点での判断材料を集めて考えてみて、それが正しいと思えても、何年かたってみると、「自分には、もっとよい道があった」ということが分かる場合もあるのです。

したがって、最初にも述べたように、正念において大事なのは、「時間を耐える」という気持ちです。時間を耐えて修行しているなかに天意がはっきり出てくるので、それを読み違えないようにしてください。

そして、それが自分の思いとは違う方向に流れていると、はっきり感じたならば、潔《いさぎよ》く軌道《きどう》修正をすることも大事です。

胆力《たんりょく》をつける

幸福の科学で学んでいる人であれば、たいてい守護霊《しゅごれい》が目覚めているので、おそらく、それほど大きな間違いは犯《おか》さないはずです。

したがって、「流れに身を任せる」という気持ちも大事です。

考えてもよく分からない場合には、守護霊に全託《ぜんたく》し、自分は、自分にできる努力を、一日一日、積み重ねながら、半年、一年、二年、三年と耐えてみてください。そうすれば、必ず、正しい方向が明示されるようになってきます。

しかし、もう少しのところで、曲がっていく人、焦って失敗していく人は多いのです。変な方向にじたばたし、あがいて沈没《ちんぼつ》していく人が跡を絶たないように見えます。

このときに大事なのは肚《はら》をつくることです。修行とは、別の言葉で言えば、肚をつくっていくことなのです。これは「胆力《たんりょく》をつける」ということです。

この世に生きているのは魂《たましい》を磨《みが》くためです。したがって、自分が喜ぶようなことばかり起きるはずはありません。いろいろなことがあって魂は磨かれるのです。

どのようなことが起きても、「いまダイヤモンドが磨かれているのだ」と思いながら頑張《がんば》っていれば、やがて、その時期は過ぎ去り、道が開けてきます。

ダイヤモンドは、豆腐《とうふ》や、こんにゃくのようなものでは磨けません。もっと硬《かた》いものを当てて磨かないと、ダイヤモンドは光らないのです。硬いものが自分に当たってくるということは、自分のなかにも、それだけ硬いものがあるということです。

それ相応の修行が来るのですから、「よく磨かれているな」と思っていれば、いつしか、それは過ぎていきます。

また、自分であまり期限を設定しすぎないことも大事です。

このようにしていると、だんだん、人生を達観することができるようになってきます。やがて、丘《おか》の上に立って川の流れを見るように、自分の人生の流れが見えるようになってくるのです。

どうか、胆力をつけてください。それが大事です。

大きな失敗や挫折《ざせつ》は、ありがたいことでもあります。それを、一回、経験しておくと、そのあと、小さな失敗や挫折が非常に楽になるのです。

大きなものが来たら、「これで、いちばん磨かれているのだな」と他人事《ひとごと》のように思い、そのあと、小さなものが来たら、今度は楽なので、「小さいな」と思って見ていればよいのです。

どうか、「正念の実現そのもののなかに、また修行がある」と思って、頑張ってください。

第3章　もっとタフな自分になる

Power to Influence

Leadership transcends Skill

1 政治・経済に強くなるには

私には、政治や経済の問題に対する苦手意識があります。それを克服《こくふく》するには、どのようにすればよいのでしょうか。

まず関心を持つ

伝統的な仏教の僧侶《そうりょ》などが社会問題に関して述べている意見を聴《き》くと、「ピントが外《はず》れている」という印象を受けることがよくあります。現代社会を見る目が、曇《くも》っていたり、鈍《にぶ》かったり、時代に後《おく》れていたりすれば、社会問題について発言しても、ピントの外れたものになってしまうのです。

ある分野に対する苦手意識を克服するには、その分野に関心を持つことが必要です。

関心を持てば、いろいろなかたちで情報が入ってきます。テレビ、ラジオ、新聞など、情報源は数多くあります。まず関心を持つことです。そうすれば、必要な情報は集まってくるのです。

政治・経済については、時事ニュースなどを見ているだけで、かなりのことが分かります。

マスコミの嘘《うそ》を見抜《みぬ》くには

しかし、自分なりの一定の視点を得るためには、関心を持つだけでは駄目《だめ》です。ある程度、知識の蓄積《ちくせき》がなくてはいけません。すなわち、勉強が必要なのです。

知識の蓄積があれば、人の意見に振《ふ》り回されずに物事を見ることができます。そのためには、どのくらいの蓄積が必要でしょうか。これは、なかなか難しい問題ですが、できれば、その分野の本を千冊ぐらい読むことが必要だと思います。そのあたりが一般的《いっぱんてき》なラインでしょう。

政治・経済などの一般的な教養書を千冊ぐらい読んでいると、新聞記事や、テレビで発言しているジャーナリストおよびキャスターたちの嘘《うそ》や間違《まちが》いが、だいたい分かるのです。もっと数多く読めば、さらによく分かります。

ただ、現代人は忙《いそが》しいため、「本を千冊も読むのは大変だ」という人も多いでしょう。その場合は、それより少ない冊数でもかまわないので、大事だと思う分野を重点的に勉強するとよいでしょう。

八割の労力で自分の専門分野を勉強したならば、残りの二割の労力で、自分が苦手な分野について、コツコツと情報を集め、知識を蓄積していけばよいと思います。

その分野の本を最低でも百冊読む

ある分野に関する本を百冊ほど読んでいると、マスコミの嘘が分かるレベルまでは行けなくても、その分野について多少の専門的な話ができるぐらいまでは行けます。

すぐに百冊は読めなくても、年に十冊読めば十年で百冊まで行けます。年に二十冊読めば五年で行けます。そのくらいの数なら、読めないことはないでしょう。

たとえば、「自分は国際問題がまったく分からない」という人であれば、「国際問題に関する本を、とりあえず百冊ぐらい読もう」と決め、少しずつ読んで知識をためていくのです。

小さな分野であれば、やはり百冊ぐらいが一つの目安だと思います。現代人は忙しいから大変でしょうが、仕事などの合間に少しずつ努力することが大切です。そうすれば道は開けるのです。

百冊ぐらいまで来ると、ある程度、その分野についての意見が言えるようになります。しかも、百冊を読破するまでは何も分からないかといえば、そうではなく、百冊に至る途中《とちゅう》で、いろいろなことがだんだん分かってくるのです。

ただ、自分がその分野の専門家でなければ、多少は勉強していたとしても、あまり意見を言いすぎないことも大事です。新しく勉強中の分野については、実力の範囲内《はんいない》で意見を言い、乱暴な意見は少し差し控《ひか》えることです。そのくらいの配慮《はいりょ》は必要でしょう。

なお、幸福の科学からは、仏法真理の本がすでに何百冊も出ていますが、さまざまな教養を網羅《もうら》しているので、幸福の科学の本の百冊は他の教養書の一万冊分ぐらいに相当すると言えます（説法《せっぽう》当時。二〇二三年二月現在、三千百書以上が発刊）。

「耳学問」を活用する

さらには、「友人を活用する」という方法もあります。賢《かしこ》い友人を持ち、その人に、「これは、どういうことか」「何が正しいのか」などと訊《き》けば、教えてくれるでしょう。自分で勉強すれば十年かかることが、耳学問だと、一、二分で済みます。一言《ひとこと》で終わりなのです。

賢い友人を持つためには、あなたが「よい人」にならなくてはいけません。要するに、賢い人が「付き合ってもよい」と思える人になることです。

人の出会いは無限にあります。賢い人は、探せば幾《いく》らでもいます。自分の独力では結論を得るまでに十年かかる問題を、一言で解決してくれる人が、世の中には、たくさんいるのです。

しかし、誰《だれ》がその人かは、なかなか分かりません。そのため、日ごろの付き合いが大事になります。そして、「この問題については、この人がよく知っている」ということが分かれば、その人に訊けばよいのです。

また、忙しくて自分がなかなか勉強できない場合には、「他の人に勉強してもらう」という手段もあります。

たとえば、国連の活動についてよく分からないときに、「国連に関して、こんな本がある。あなたは国際問題に強いから、読んで内容を教えてほしい」と、人に頼《たの》んで読んでもらい、その内容をあとで聴くという方法もあるのです。

自分で勉強することが原則ですが、その上で、賢い友人を活用することも大事なのです。

Q

2 スピリチュアルに自分を見つめる

自分を見つめ、客観視する際のコツについて、教えてください。

A

前提として知りたい、肉体と魂《たましい》の関係

脳死などの問題によって、肉体と魂《たましい》の関係は大きな論点になっています。幸福の科学は、脳死者からの心臓移植について、あまり好ましくないとしています。なぜかというと、心臓という臓器には意識があるからです。ここは、魂のなかの「心」という領域と非常に密接な部分なのです。

人間の肉体には等身大の魂が宿っています。そして、人間の姿をした魂のな

かで、心というものは、頭の部分にあるのではなく、胸の部分にあるのです。心臓のあたりに心の中心部分があります。

そのため、他人の心臓を移植されると、他人の心が入ってくるような面があります。一方、心臓の提供者のほうは、心を持たずにあの世へ旅立つような面を持つため、あの世で少し困るわけです。

また、魂には、頭を中心としたところに、「精神」といわれる領域もあります。私は「愛」「知」「反省」「発展」の四正道《よんしょうどう》を説いていますが、知と発展は、どちらかというと、頭を中心とする部分、精神に関係しています。一方、愛と反省は、胸の部分、心に最も関係があります。

人間は、首から上の部分が発達している実務型の人と、首から下の部分が発達しているお坊《ぼう》さん型の人に分かれやすいものです。心のほうが発達している人は、お坊さん型で、愛や反省は得意なのですが、実務的な仕事は必ずしも得意ではありません。お坊さん型の人は胸の部分が豊かなのです。

また、胸に近い部分には、「意志」といわれるものの領域もありますし、腎《じん》臓《ぞう》のあたりは「感情」にかなり関係しています。

そして、深い根源的なエネルギーのようなものになると、おなかから下のあたりに中心部分があります。

このように、肉体の各部には魂のいろいろな機能が分散しています。人間の魂は多重構造になっていて、外面をすっぽり覆《おお》う幽体《ゆうたい》のなかに、心の領域もあれば精神の領域もあり、ほかにも、いろいろな臓器に応じて、さまざまな機能の中心点があります。魂は複合的にできていて、それを人間はトータルでいろいろと動かしているわけです。

現代医学は臓器移植を安易に行《おこな》っていますが、ほんとうは臓器移植には危ない面があるのです。

魂の各領域を点検する

以上の話を前提に、自分を見つめる方法について述べていきたいと思います。

基本的には、頭の部分と胸の部分に霊体《れいたい》としての中心点がありますが、心を見つめるときには、頭の部分が胸の部分を見ていることが多いのです。胸の部分、すなわち感情や意志の領域に、愛や反省とかかわる部分がかなりあるので、知性や理性のある頭の部分、精神のほうで、胸の部分を見ているのです。

たとえば、男女関係で問題が生じた場合には、主として胸や腹の領域にかかわりがあるため、頭のほうで反省するでしょう。

逆に、胸を中心とした美しい感性でもって、頭で考えたことを反省することもあります。悪いことを頭で考えたとき、反省するのは頭ではなくて胸のほうです。「私は、いけないことを考えた。これは人間として恥《は》ずべきことだった」という反省の思いは、胸のほうから出てくるのです。

　このように、一つの魂のなかには考える領域が複数あり、ある領域で考えたことを別の領域で点検しているのです。

　四正道の各項目《こうもく》である「愛」「知」「反省」「発展」は、それぞれ、魂のなかで関係している領域が違《ちが》うため、四正道の実践《じっせん》において、そのなかのどれかに問題があるときには、他の部分から照射して考えると、問題点がよく分かります。

　たとえば、愛の実践がうまくいかない場合には、智慧《ちえ》が足りないこともあるのですが、そのときには、知性のほうから愛を点検すれば、よく分かります。

　あるいは、「一生懸命《いっしょうけんめい》、反省しているのに、どうもうまくいかない」というとき、発展の視点から見ると、実際には、「反省しているのではなく、過去に対して因縁《いんねん》をつけているだけ」ということもあります。発展の視点から見ると、反省のところの問題点が分かることもあるのです。

「愛・知・反省・発展」と肉体各部の関係

四正道の各項目が肉体のどの部分と関係しているかについて、さらに詳《くわ》しく見てみましょう。

愛に関係する領域は、胸部、心臓のあたりにあります。

反省に関係する領域は、おなかのところ、丹田《たんでん》、みぞおちのあたりです。

知に関係する領域は、人によって知性に差があるので、一概《いちがい》に言えないのですが、どちらかというと、後頭部、脳の側頭葉《そくとうよう》に近いところです。知性的なものの領域は、頭の後ろから横ぐらいのところに多くあります。知性が弱い人のなかには、おなかや心臓のあたりで考えるような人もいます。

発展に関係する領域は脳の前頭葉《ぜんとうよう》のあたりです。

額の部分にある眉間《みけん》には、ヨーガなどでよく使われる言葉ですが、チャクラというものがあります。これは念がよく出るところです。手のひらなど、念は体のいろいろなところから出ますが、念が最も強く出るのは眉間です。

念の強さは、発展と関係があります。念が弱いと発展しないのです。発展しないタイプの人は額から力が出ていません。発展型の人は、たいてい非常に念が強く、脳の前のほうの部分に、かなり強い磁場を持っています。これが発展型の人です。

それから、自分を見つめることに慣れてきて、自分の魂をよく管理できるようになると、「自分は、いま、どの部分で考えているか」ということが分かるようになります。

そして、もっと霊的に進んでいくと、それぞれの部分が全機能を持ち、たとえば、手で物を見たり、背中で音を聞いたりすることができるようになります。

霊体においては、いろいろな部分が、それぞれ機能を持っていますが、訓練していくと、さまざまなところに出張所を出せるようになって、魂は自由自在に動きはじめます。そうすると、この世に生きていながら、あの世の人間のようになって、肉体がしだいに邪魔《じゃま》になりはじめます。

このように不思議なものが人間の魂なのだということを、知っていただきたいと思います。

Q

A

3　嫉妬《しっと》や批判に、どう対処するか

新しい職場に移って三カ月たちますが、私の仕事ぶりを見た周囲の人から「うぬぼれている」と陰口《かげぐち》を叩《たた》かれているようです。自分としては、自信を持って頑張《がんば》っているつもりですが、どちらが正しい見方なのかがよく分かりません。これについて、客観的に判断する方法を教えてください。

まず周囲の人たちを観察する

自信過剰《かじょう》なのか、本物の自信なのかは、自分ばかり見ていても分かりません。自分のことばかりを考えていると、それが判断できないのです。

そういうときには、自分を見るのをやめて、自分の周囲の人々を観察する必要があります。多くの人を観察し、その考え方や行動をよく見るのです。そうすると、他の人々が自分をどのように見ているかが分かってきます。

自信過剰の場合は、それを判断するのは簡単です。陰口や悪口を言われるなどの反応が出てくるからです。自信過剰でない場合には、そういうことはあまり言われません。これがチェックポイントです。

人間には、ある程度、自己顕示欲《けんじよく》があります。それがよい方向に向かったときには、向上の原理、進歩の原理となります。ある程度の自己拡張欲がないと、人間は進歩しないことも事実なのです。

しかし、人間が進歩、進化を目指していると、他の人とのあいだで摩擦《まさつ》を起こすようになります。そのため、調和の原理が必要になってきます。

その際、他の人の感情が調和の原理として働く場合もかなりあるのです。

嫉妬心には、他の人の自己顕示欲《けんじよく》を抑《おさ》える役割がある

仏法真理において、嫉妬心《しっとしん》をほめることはありませんが、嫉妬心には効用もあります。嫉妬心には、他の人の自己顕示欲を抑《おさ》える役割があるのです。

ある人の自己顕示欲が強すぎる場合には、周囲の人は必ずそれを引っ張りにかかります。嫉妬心の効用は、ここにあります。

たいへん羽振《はぶ》りのよい人がいるとします。その人がそれに見合うだけの仕事をし、また、人柄《ひとがら》も素晴らしければ、その人の悪口を言うと、それは、言った人に跳《は》ね返って、言われた側はびくともしません。

たとえば、きちんとした仕事をして認められ、周囲から尊敬されている人が、立派な家を建てたとき、他の人が嫉妬しても、それは嫉妬した人に跳ね返っていくだけです。

ところが、増上慢《ぞうじょうまん》のところ、身分不相応なところがある人の場合には、その

人について、「何か変なことをして、お金を儲《もう》けたに違いない」などと言うと、嫉妬された側もこたえるのです。

このように、嫉妬心には、他の人が自己顕示欲によって増上慢になり転落することを防ぐ役割、増上慢の芽を摘《つ》む働きがあるのです。嫉妬心が調和の原理として働く場合もあるわけです。

嫉妬心の効用をあまり言うと、嫉妬心を正当化する人が出てくるおそれもあるのですが、夫婦間の嫉妬心にも一定の効用があります。

奥《おく》さんの嫉妬に悩《なや》んでいる男性は多いだろうと思います。しかし、奥さんの健全な嫉妬心があるがゆえに、家庭が崩壊《ほうかい》しないことも事実なのです。

奥さんが寛容《かんよう》な人で、「あなた、家庭など気にしなくていいから、お好きにどうぞ」と言っていると、家庭は崩壊してしまいます。

奥さんは、ご主人の帰宅時間や土日の行動が気になるので、ご主人を管理したりするわけですが、こういう健全な嫉妬心が家庭を護《まも》る面もあるのです。ただし、嫉妬心が強すぎてヒステリーになると、逆に夫婦の不調和を生んでしまいます。何事にも両面があるのです。

志を高く持ち、批判に耐《た》える

自分が自信過剰かどうかは、あくまでも他の人の反応を見て判断すべきですが、一割ぐらいは、他の人の反応が不当な場合もあります。それは、あなたの志が非常に高い場合です。

あなたの志、理想が、非常に高くて、周囲の人たちがまったく考えていないものである場合には、あなたがその志の実現のために頑張っていても、周囲はその言動を理解できません。その結果、あなたのことを、「うぬぼれている」などと批判することがあります。

この場合は耐えなければいけません。人生には、忍耐《にんたい》の時期というものがあります。雌伏《しふく》の時期、野《の》に伏《ふ》す時期には、他の人からの批判を跳ね返すのではなく、それを静かに受け止めて、実力を磨《みが》くことも大切なのです。

あなたへの非難が不当なものであれば、それは、やがて消え去っていきます。あなたの考えや行動が正当かどうか、明らかになるときが必ず来るのです。そのときまでは、力をため、刀を磨いておくことです。それをしないと、結局、その非難は正当だということになるでしょう。

これは大事な心掛《こころが》けです。自分は志が非常に高いと思うならば、その間《かん》、批判に耐え、実力を磨いてください。

Power to Influence
Leadership that transcends skill

Part. 2

第二部　感化力あるリーダーシップ

第1章　市場《しじょう》で生き残る人になるために

1 指導力の元になるものとは

人を導くためには智慧《ちえ》と勇気が必要だと言われますが、それは、どのようなものなのか、教えてください。

人生の大きな目的は智慧《ちえ》の獲得《かくとく》

人生の目的は、いろいろありますが、その一つとして挙げてよいことは智慧の獲得《かくとく》です。この世で何十年か生きたあと、あの世へ持って還《かえ》れるものは智慧なのです。

人間は、智慧を得るために、この世に出てきて、修行《しゅぎょう》をしています。いろいろな勉強をしたり、いろいろな経験を積んだりしながら、苦労して智慧を身につけているのです。

そういう人生修行を実際にやってみないと、智慧というものは身についてきません。紙の上の知識だけでは、あまり身についてこないところがあるのです。人間は、学問などで吸収した知識を実際に行い、いろいろな試行錯誤《しこうさくご》を経ることによって初めて、「こういう生き方が、ほんとうの生き方、優れた生き方なのだ」ということを知るのです。

智慧を得ることは人生の一つの目標です。智慧という言葉には非常に奥深《おくぶか》いものがあります。

はっきり言うと、一定の智慧を得たならば、あの世で神になるのです。すなわち、神格《しんかく》を持った霊、高級霊になるわけです。智慧を得ることは、それほどのことなのです。智慧のある人は、いろいろな人を教えられるので、神になるのです。

智慧を得るために、人間は、みな、営々と努力しているのですが、努力はしていても、なかなかうまくいかないものです。そのため、人生のなかで試行錯誤をします。

そして、多くの人の導きになるような考え方、生き方を示し、人々を教えられるようになると、その人は指導者になっていきます。みずからの智慧が大きな塊《かたまり》になってくると、その人は、神といわれる人たちのいる世界に入っていくのです。

智慧を得るのは非常に大事なことです。この世で得たもので、肉体に付随《ふずい》するものは、何もあの世へ持っていけません。食べ物も、お金も、肩書《かたがき》も、会社も、建物も、土地も、あの世へ持っていけません。しかし、智慧は持って還れるのです。

私は、「あの世に持って還れるものは心だけである」という話をすることもあります。しかし、心は誰《だれ》でも持って還れますが、そのなかの智慧の部分が大事であり、今世《こんぜ》の人生が勝利したかどうかは、この智慧の部分と関係があるのです。

その意味で、智慧の獲得は人生の大きな目的なのです。

智慧を得るために必要な知識と経験

勇気というものは一つの情熱であり、行動力の源泉です。しかし、勇気は、智慧があって初めて、その方向性が明確になります。

智慧なき勇気というものは、失敗を生むことも多いのです。勇気があるだけで智慧がないと、その勇気は蛮勇《ばんゆう》となり、その人自身が破滅《はめつ》するだけでなく、多くの人を道連れにすることもよくあります。

そういう意味で、智慧なき判断は非常に怖《こわ》いことなのです。

なかには、「とにかく行動すればよいのだ」と考える人もいますが、それはよくありません。智慧によって方向性を決め、そして押《お》し切るとき、そこに成功が生まれてくるのです。

勇気は一つの燃え上がるエネルギーですが、それに的確な方向性を与《あた》えることが非常に大事です。そのためには智慧が要《い》るのです。

智慧を得るためには知識と経験が必要です。あるいは、人格の陶冶《とうや》、錬磨《れんま》が必要になります。また、多くの人の智慧から学んでいくことも大事です。

執着《しゅうちゃく》や迷いを断ち切る「文殊《もんじゅ》の利剣《りけん》」

智慧と勇気の話の関連で述べると、「文殊菩薩《もんじゅぼさつ》は智慧と勇気の両方を持っている」とよく言われます。

文殊菩薩の像を見ると、片手に剣《けん》を持っていますが、この剣を「文殊の利《り》剣《けん》」といいます。「利」には、「聡《さと》い」「鋭《するど》い」といった意味合いがあります。

この文殊の利剣は、執着《しゅうちゃく》や迷いを断ち切っていくための剣であり、要するに智慧のことなのです。このように、智慧は剣にたとえられることもあります。

勇気というものは、道を開いていくための力ですが、それに方向を与えるのが智慧です。

しかし、智慧のほうに比重がかかりすぎると、行動力が落ちていくこともあるので、その辺の兼《か》ね合いは難しいところです。あまり沈思黙考《ちんしもっこう》ばかりしていてもいけないのです。

智慧と勇気が一つになり、正義が現れる

智慧と勇気が一つになり、それが実践《じっせん》に表れてくると、正義というかたちと

して表れてきます。

天下万民のため、より多くの人のため、最大多数の最大幸福のための行動や戦い、それが正義です。

正義を正義たらしめるものは、やはり智慧の部分です。智慧の裏づけがなければ、単なる暴《あば》れん坊《ぼう》や、社会を攪乱《かくらん》しているだけの革命集団と同じになってしまうことがあります。

ゲバ棒を振《ふ》り回したりして暴れている学生には、行動力はあるし、勇気もあるのかもしれませんが、「その方向に行《い》って、ほんとうに天下万民が幸福になるのか」ということについての智慧が足りないために、彼《かれ》らは正義として認められないのです。

これは宗教でも同じです。いろいろな宗教が、それぞれ、勇気を持って活動しているのだと思いますが、やはり、智慧のところをしっかりしておかないといけません。

「最大多数の最大幸福」「天下万民のため」「のちに来る人たちのため」「後世の歴史のため」ということを、いつも考えておかないといけないのです。

正義のためには智慧と勇気が要ります。そして、正義が現れてきた結果、どうなるかというと、多くの人の幸福、公的幸福が現れてくるのです。

個人の幸福と多くの人の幸福の両立を

公的幸福は、そういう面で現れてくるのですが、個人の幸福、私的幸福だけを考えている人にとっては、正義が出てくる余地があまりないこともあります。

私的幸福、自分一人のみの幸福を目指すのであれば、たとえば山のなかに入り、じっと籠《こも》っていると、幸福は幸福です。世の波風をまったく受けなくて済み、気分はよいでしょう。

しかし、公的幸福、公《おおやけ》の幸福のことを考えると、やはり踏《ふ》みとどまらなくてはなりません。多くの人が迷い、苦しんでいる状況《じょうきょう》にあるならば、勇気を持って道を切り開かなければいけないことがあるのです。

公的幸福をもたらすためには智慧と勇気が必要です。そして、正義が現れてくる必要があります。

ただ、正義を実現する過程では、争いなどが生じることもあるため、そのなかにあって、私的幸福、個人の心の平安、平和が保てるかどうかという、私的幸福と公的幸福のバランスの問題が出てきます。

私的幸福と公的幸福の両方を目指し、個人の悟《さと》りを求めながら、勇気を元にして正義を実現していくためには、あくまでも、静寂《せいじゃく》なる時間、自己を見つめる時間、自分の内面を磨《みが》く時間を持ちつつ、一方では、公的な場において戦う必要があるのです。

たとえば、私は、瞑想《めいそう》をしたり、あの世の高級霊たちと話をしたりしていますが、それだけであれば、自分の悟りの内容が地上の人々に伝わらないことになります。そのため、公的な場に出て法話《ほうわ》もします。これは、ある意味では戦いかもしれません。

また、聴衆《ちょうしゅう》のなかには、悪霊《あくれい》を連れてきている人たちもいるので、法話のあいだ、私は悪霊に対して、念《おも》いの剣で斬《き》ったり、念いの矢を射たりしています。そういう戦いも現実には起きているのです。

宗教は方向の違《ちが》う二つのベクトルを持つ

これまで述べてきたことを簡単にまとめてみましょう。

智慧は勇気を方向づけるものであり、その結果、正義が現れてきます。そして、正義が実現したときには公的幸福が実現するのです。

それは、幸福の科学が目指している大きな方向の一つでもあります。

しかし、その過程で、私的幸福と公的幸福のバランスの問題も生じてきます。私的幸福だけを求めると、公的幸福、正義という考えは出てこないのですが、やはり、「天下万民のため」という気持ちを持ち、公的幸福を押し広げる方向で努力しなければいけないのです。

そうすると、今度は私的幸福のほうが脆弱《ぜいじゃく》になってくることがあるので、学びの時間、悟りの時間をしっかり取りつつ、外へ出たときには、公的幸福のための仕事をしていくことが大切なのです。

仏教には、「上求菩提《じょうぐぼだい》、下化衆生《げけしゅじょう》」という言葉があります。これは、上に向かっては悟りを限りなく求め、下に向かっては一人でも多くの人を救おうとすることです。

このように、宗教は、いつも、方向の違《ちが》う二つのベクトルを持っています。

「自分自身が心を安らげて平和になっていこう」という方向と、「多くの人のために何かをしなければいけない」という方向と、この二つがあるのです。

そのため、一人の人間が右へ行ったり左へ行ったりするようなところがあるのですが、頑張《がんば》って、この両方を実現していかなければなりません。そのときに智慧と勇気が大事になってくるのです。

2 市場《しじょう》で淘汰《とうた》されないための、ただ一つの法則

私は、家電メーカーに勤めていますが、好不況《こうふきょう》の影響《えいきょう》を実感しています。たとえ不況下であっても、社員一人ひとりが豊かな心を持ちつづけ、困難を打破する秘訣《ひけつ》がありましたら、教えてください。

必要なもの以外は残らない

この質問に対する答えは、実際には、経営者に言う場合と、部長に言う場合と、課長に言う場合と、平社員に言う場合とでは、内容が違《ちが》ってきます。相手の立場によって、多少、答えが変わるのです。

国全体や時代の流れにおいて、逆風が吹《ふ》いているようなときには、個人としては、なかなか努力のしようがないものです。経営者もたいへん苦しいでしょう。自分の考えだけでやれる場合ならよいのですが、大きな流れとして不況が起きたり、あるいはデフレ現象のようになってきたりすると、苦しいのです。

しかし、やらなければいけないことは一つです。いつも一つしかないのです。それは何かというと、結局、「必要なもの以外は残らない」という法則に忠実に生きることです。

家電メーカーはたくさんあり、どれが必要で、どれが必要でないかは、なかなか分かりません。ただ、市場《しじょう》は厳しいので、だんだん淘汰《とうた》されていきます。しかし、全部が潰《つぶ》れることはありません。必ず、残るところと残らないところが出てくるのです。

また、同じ会社のなかでも、残る部門と残らない部門が出てきますし、社員のなかでも、残る人と残らない人が出てきます。これは厳しいことです。

したがって、社内的には、必要な人材であること、必要な仕事ができることが大事であり、対外的に見れば、「会社としての存続が必要かどうか」ということが問われているのです。

ローコスト化し、製品の単価を下げる

景気のよいときには、誰《だれ》もが買ってくれたものが、不況になると、なかなか買ってもらえなくなります。このときに、やるべきことは何でしょうか。

一つは、ローコスト化して、ぎりぎりまでコストを下げ、製品の単価を下げることです。

収入、給料が減っているときには、何かを買うにしても、安いものを買うか、品物を選び込《こ》むか、このどちらかしかないのです。あるいは、買わないという

選択《せんたく》もあります。

そうすると、まずは値段を下げるしかないのです。そのためには、原価を下げなければいけません。

原価を下げるためには、どうすればよいでしょうか。これまで放漫《ほうまん》経営風にやっていたのであれば、必要最低限の人数で最高の仕事をして、無駄《むだ》な在庫をつくらず、無駄な部品を残さず、不良品を出さず、ぎりぎりに詰《つ》めていかなければなりません。

その意味で、仕事としての厳しさが要求されるのです。

なぜその製品が必要なのかを考える

もう一つは、「なぜその製品が必要なのか」ということを考えることです。

その製品が、なぜ必要なのか。この「なぜ」に答えられるかどうかです。

「お金があるから買える」ということなら、「これは予算の範囲内《はんいない》でしょうから、どうぞ、お買いください」と言っていればよかったわけですが、予算があるかないか分からなくなってきたら、その製品が必要であることを証明しなければいけないのです。その必要性を教えることが付加価値でしょう。

なぜ人がそれを欲《ほ》しがるかを考え、欲しがるものを提供することです。それ以外に、生き残る方法はないのです。

心穏《おだ》やかに生きる

不況になると、私は経営に関する法話《ほうわ》を増やします。なぜなら、人々がそれを求めているからです。それでも、お金があまり儲《もう》からなくなったら、「どうやって心を平静に保つか」という話をしなければいけなくなるのです。

お金が儲からないときには、せめて、心穏《おだ》やかに生きないと損です。そういうときに、ガリガリし、喧嘩《けんか》をして生きるのは愚《おろ》かなことです。「武士は食わねど高楊枝《たかようじ》」ではありませんが、心穏やかに生きることも大事なのです。

必要とされる会社や人間になる

家電業界に限らず、ほかの業界もそうですが、景気のよいときには、製品が非常によく売れ、楽をしていた面もあります。

戦後の家電業界はとにかく伸《の》びる業界だったのですが、どの業種であっても、やはり、どこかで頭打ちになり、どこかで淘汰されます。

たとえば、一九九〇年代の不況下でも一部の自動車会社は好調だったので、それをうらやましく思っていた人もいるでしょう。しかし、人間の数は限られていますし、道路だって限られているので、やはり、どこかで潰し合いになります。そのため、そういう自動車会社は、他社が潰れても自分の会社だけは生き残れるように、差をつくる努力をしてきているのでしょう。それしかないのです。

結局は、必要とされるものが残ることが大勢の人にとってよいのです。厳しいけれども、そう思って生きなければいけません。「必要とされる会社になろう。必要とされる人間になろう」と思うしかないのです。努力していれば道は開けるでしょう。

役に立たない宗教は淘汰《とうた》される

それは宗教も同じです。

幸福の科学と同じころにできた新宗教で、一時期、マスコミによって幸福の科学と並び称《しょう》されていた教団が、すでに二つも三つも破綻《はたん》しています。不思議なものですが、宗教団体も企業《きぎょう》と同じく淘汰されました。

世の中の害になるもの、世の中の役に立たないものは、やはり除かれていきます。「そういうものまで宗教法人法で保護し、税金の優遇《ゆうぐう》を与《あた》える必要はない」という判断だと思います。

それは、私が以前から述べていたことでもあります。私は、「やがて宗教も淘汰される。よい宗教と悪い宗教のあいだに差がついてくる。悪いものが駆逐《くちく》されないようでは宗教界はよくならない」と述べていたのです。

これは普通《ふつう》の社会と同じです。宗教界だけは別で、勝手にやっていてよいということはありません。やはり、よいものと悪いものがあり、悪いものは滅《ほろ》びていきます。人々が必要としないものが滅びていくのは、宗教であっても同じなのです。

会社であっても、宗教であっても、淘汰の原理が働きます。

したがって、「必要とされるものは何か。人々は何を求めているか。何が大事なのか」ということを、毎年毎年、考えなければいけません。「十年一日《じゅうねんいちじつ》のごとし」というわけにはいかないのです。

Q

3 坂本龍馬《さかもとりょうま》のような「肚《はら》のできた人物」になる方法

坂本龍馬《さかもとりょうま》や西郷隆盛《さいごうたかもり》のように、肚《はら》のできた、影響力《えいきょうりょく》のある人物になるためには、どうすればよいのでしょうか。

A

まず長所を徹底的《てっていてき》に伸《の》ばせ

坂本龍馬や西郷隆盛が偉人《いじん》になったのは、魂《たましい》にそれだけの素質があったからであることも事実です。

しかし、素質があっても、それが成果に結びつかない人もいれば、あまり素質がなくても、努力によって、それなりに立派になる人もいるので、素質の問題だけにはできません。努力が大切なのです。

偉人たちの仲間に入るためには、他の人の百倍ぐらい努力することが必要でしょう。

その際に大切なのは、まず、自分の持っている最大の長所を徹底的《てっていてき》に伸《の》ばすことです。それは、あなたが、独立して仕事をしていようと、会社勤めをしていようと、同じです。

どの領域かは問いませんが、「自分は明らかに人の役に立つ人間である。自分は確実に人の役に立っている」ということを、自信を持って確認《かくにん》できるところまで、努力しなくてはなりません。

そして、ある分野で一角《ひとかど》の人物となることができたならば、次に、枠《わく》を広げていくことです。

まず、一つの領域で、ある程度のところまで行かなければ、ほかに何をやっても、人は認めてくれないものなのです。

影響力《えいきょうりょく》は〝武器〟づくりから

意外なことですが、坂本龍馬が最初に世に知られるようになったのは剣術《けんじゅつ》においてです。彼は若くして千葉道場の師範代《しはんだい》となり、全国で有名になったのです。実は、当時の偉人には剣の達人が数多くいました。勝海舟《かつかいしゅう》や木戸孝允《きどたかよし》もそうです。彼らにとって、剣術は、世の中で影響力を持つための〝武器〟だったのです。

そして、その武器を手に入れるために、彼らがかなり努力したことも事実です。坂本龍馬にしろ、勝海舟や木戸孝允にしろ、一生懸命《いっしょうけんめい》に剣術を練習したのです。

当時は、蘭学《らんがく》など剣術以外の武器もいろいろありました。現代でも、世を渡《わた》っていくための武器があるはずです。

あなたも、自分にとっての武器が何であるかを見つけ、まず、その方面で一級品の腕前《うでまえ》になることが必要です。そのあとは、違《ちが》う世界にも自分の道を広げていき、多くの人に影響を与《あた》えられる自分へと変わっていくことです。

基礎《きそ》を固めよ

私は、法を説くためには、自分自身の理論書を出していけば充分《じゅうぶん》だったにもかかわらず、初期に高級諸霊の霊言集《れいげんしゅう》を数多く出しました。なぜなら、「霊人《れいじん》たちの個性の違いを証明して、霊界《れいかい》の実在を訴《うった》えることが出発点である」と考えたからです。

何事においても、「まず基礎《きそ》を固め、それが終わってから、次の部分に取りかかる」という考え方が大事です。この考え方を取らず、いきなり全方位で能力を発揮しようとすれば、たとえ才能があっても、人間は、なかなか大成できないものなのです。

まず、一つの分野を固めることです。そこを固めてしまえば、ほかの分野での活動が極《きわ》めて容易になります。

したがって、ある意味でのストイシズム、すなわち、「一つのことに絞《しぼ》り、そこで実績をあげるまでは、それ以外のことを我慢《がまん》する」という姿勢が必要です。これがないと、一つの分野においてでさえ、なかなか大成できないのです。

あなたは、自分自身の領域のなかで、「自分は、この方面で一級品であり、その水準は他に例がない」というところまで、しっかりと基礎を固めなくてはなりません。

そうした心構えを持ち、努力していってください。

第2章 あなたへの信《しん》頼《らい》感《かん》が高まる人の生かし方

Q

A

1　それは、リーダーの愛か？　エゴか？

部下や協力者と共に仕事をするとき、特に気をつけるべきことは何でしょうか。

手柄《てがら》を独《ひと》り占《じ》めしてはならない

仕事においては、上司が部下を使うのは当然のことですし、他の人の協力を仰《あお》がなければならない場合も数多くあります。その際、部下や協力者に対して一定レベルの仕事を期待し、「こういう仕事をしなさい」「このようにやってほしい」と言うのは当然であり、そうでなければ、よい仕事はできません。

ただ、気をつけなければならないのは、「みずからの姿のなかにエゴイスティック（利己的）なものがないかどうか」ということです。

上司が部下を使って仕事をすることが、会社のためにも部下のためにもなるのであればよいのですが、そうではなく、上司が手柄《てがら》を独《ひと》り占《じ》めしたくて、部下に「こうしなさい」と言っている場合は、問題があります。

実は、部下や他の人をうまく使って仕事をし、手柄をすべて自分のものにしてしまう人が、世の中には、ずいぶん多いのです。

指導者的愛か、エゴのための自己実現か

もちろん、上司や師など、立場が上で認識力《にんしきりょく》の優れた人が、高いところから下の人を導くのは大事なことです。

そういう人の導きがなければ、下の人は、どうすればよいか分かりません。

たとえば、新入社員の場合、将来は社長になるような器《うつわ》の人であっても、新入社員の段階では課長や部長の仕事はできません。

立場が下の人に対しては、上の人が方向づけをすることが大切なのです。

このような指導者的愛と、自我、エゴのための自己実現とは、はっきりと区別する必要があります。

指導者的愛で他の人に方向づけをするのは、悪いことではありません。なぜなら、それは、相手を伸《の》ばしていこうとしている行為《こうい》だからです。

ところが、単に「自分は、こうしたい」という利己的な理由だけで、他の人たちをねじ曲げていこうとするのは、間違《まちが》っているのです。

「動機」を常に点検する

指導者的愛とエゴのための自己実現とは、結局、動機の部分に違いがあります。

ほんとうに相手をよくしていこうとしているのか。それとも、手柄をすべて自分に帰《き》するためにやっているのか。この違いです。

たとえば、あなたが知人などを使って、ある仕事を行うとします。

その場合、実際に仕事をする人たちには何の意味もないのに、あなたが、その点をまったく考えることなく、単に「これをしなさい」と言って、その人たちを使い、仕事の結果が、あなたの自己満足になるだけであるならば、やはり問題です。

一方、その仕事をする人たちが、何か大きなものを手に入れ、仕事を通じて数多くの人に貢献《こうけん》できるのであれば、筋が通っており、あなたの行為は愛になるのです。

指導者的愛によって人を導き、相手に変化を要請《ようせい》している場合と、自己の都合や利益のために人を利用している場合とを、はっきり峻別《しゅんべつ》しなくてはなりません。

そのためには、「自分のためだけに仕事をしてはいないか。周りの人たちのことを考えているか」ということを常に点検する必要があります。

そのような点検の結果、問題がないのであれば、その仕事は大いにやるべきです。部下や協力者たちに大いに仕事をしてもらえばよいのです。

Q

2 部下を奮《ふる》い立たせる「叱《しか》り方」

会社で仕事をしていると、部下を叱《しか》らなくてはならない場面があります。どのように叱れば効果的なのでしょうか。

A

有能な部下の叱り方

これは本質論ではなく技術論です。人の上に立つ者の技術の問題です。

管理職は、部下に対して、「いくら失敗してもかまわない。私が後始末《あとしまつ》をするから、どんどん失敗しなさい」と言うわけにはいきません。そういう姿勢では、自分の首が絞《し》まっていき、管理職は務まりません。

したがって、部下を叱らなければならない場面が、当然、出てきます。ただ、叱り方には愛が必要であり、相手の機根《きこん》に合わせた説得法が要求されるのです。

そこで、まず、能力のある部下の叱り方について考えてみましょう。

能力のある部下の場合、プライドの強いタイプか、あまりこだわらないタイプか、このどちらであるかを見分ける必要があります。

プライドが強いタイプに対しては、人前で罵倒《ばとう》しないことです。そういう人を、多くの人が見ている前で厳しく叱ると、その人の大事な部分にダメージを与《あた》えてしまい、以後、本来はあなたを助けてくれる人であっても、助けてくれなくなります。

特に、そういうタイプの男性を女性の前で叱るのは最も危険です。これは絶対にしてはいけません。男性にとっては、あとで女性たちに陰口《かげぐち》を言われるのが、いちばんこたえるのです。男性の前ならまだしも、女性がいる所で叱ると、その人を最も傷つけ、あなたへの敵意を抱《いだ》かせることになります。

プライドの強いタイプに対しては、他の人がいない所で叱ることが必要です。「別室へ呼んで話す」「喫茶店《きっさてん》でコーヒーを飲みながら話す」「食事に誘《さそ》って話す」などといった特別の扱《あつか》いをすることです。これが、その人を敵に回すことなく、あなたに協力させながら改善していく道です。

一方、陽気で、物事をあまり気にしないタイプに対しては、人前で叱っても大丈夫《だいじょうぶ》です。こういうタイプには、スター性を求めているようなところがあるので、叱るなら人前で派手に叱ることです。そうすると、本人は、かえって嘘《うそ》のように感じて、あまりダメージを受けません。こういう人をこっそりと叱っても効果は少ないのです。

「王型《おうがた》」と「長嶋型《ながしま》」で対応を変える

この方法をプロ野球選手で説明すると、「王貞治型《おうさだはるがた》の人は陰《かげ》に呼んで叱り、長嶋茂雄《ながしましげお》型の人は人前で叱り飛ばす」ということです。

巨人軍の川上哲治《かわかみてつはる》元監督《かんとく》もこれを実践《じっせん》していたようです。川上氏は、名監督だけあって、このコツをよく知っていて、王選手を叱るときには一人にしてから叱り、長嶋選手を叱るときには大勢の前で叱りつけたそうです。

長嶋選手はチームを代表する選手なので、彼が叱られると、他の選手たちは、「みんなの代わりに長嶋さんが叱られている。これはいかん。頑張《がんば》らねば」と思います。その結果、チーム全体の士気が上がるのです。

また、長嶋選手は陽気で、叱られても根に持たないため、どんどん叱れます。

一方、王選手のようなタイプを人前で叱ると、ホームランが打てなくなったりします。

したがって、叱る相手に高い能力がある場合には、相手を王型と長嶋型に分け、対応を変えることです。王選手のタイプを人前で叱ったり、長嶋選手のタイプを陰で叱ったりしていたのでは、管理能力は不充分《ふじゅうぶん》です。

会社でも、長嶋型に対しては、人前で叱ったほうが効果は大きいのです。他の人に聞こえるように、大きな声でガーンと叱ればよいのです。

その代わり、叱ったあとは、カラッとしていなくてはなりません。翌日には、叱ったことを忘れているような顔をしていることです。

また、そういうタイプの人が叱られると、周囲の人たちが、「次は頑張れ」などと言って励《はげ》ますので、その人はよくなっていくのです。

能力不足の人には仕事を限定する

それから、会社には〝駄目《だめ》タイプ〟もいます。これは、「できれば他の部署に行ってほしい」というタイプです。ただ、サラリーマンの世界では、そういう人をいったん引き受けてしまうと、それは引き受けた側の責任になり、その人を他の部署になかなか出せないのです。

こういうタイプに対しては、「どこまで使いうるか」ということの見極《みきわ》めが大事です。

能力のない人に、難しい仕事をやらせると、不幸を呼ぶことも事実です。たとえば、管理能力のない人を管理職に就《つ》けると、いろいろなところで不幸が起き、本人にとっても他の人にとっても苦しくなります。

能力のない人に対しては、「この人が、いちばんヒットを打ちやすい部門は何か。この人が背負うことのできる責任の範囲《はんい》は、どこまでか」ということを考え、仕事を限定していく必要があります。

その人を捨てたり、お荷物扱いしたりするのではなく、その人が機嫌《きげん》よく働けるように、仕事を限定して、責任の範囲を明確にするのです。そして、「これだけは、しっかりやりなさい」と、繰《く》り返し言っておくことです。

能力のない人に対して、「かわいそうだから」という感情論に流されることなく、その人に合った適正な仕事を与《あた》えることが大切です。

たとえば、「この人は年齢《ねんれい》が高いから、重要な仕事を任せないと、かわいそうだ」と思ったとしても、その人の後輩《こうはい》にもっと優秀《ゆうしゅう》な人がいるのならば、その仕事は後輩のほうに与えなくてはなりません。これは、しかたのないことなのです。

ミスしそうな部分を事前に注意する

能力が足りず、失敗するおそれが強い人に対しては、失敗する前に必ずクギを刺《さ》すことも必要です。

能力のある人は、上司があまり口を出すと、「そんなことは分かっている」と不満に思い、意欲をそがれてしまいます。したがって、仕事を任せられるタイプの人には、どんどん任せればよいのです。

しかし、能力のない人に、能力のある人と同じように仕事をさせていたのでは、うまくいかないので、その人がミスしそうな部分を事前に注意しておかなくてはなりません。

そうしないと、部下がミスをしてから上司が怒《おこ》ってばかりいることになります。これは、部下にとっても上司にとっても、精神衛生上、よくありません。

上司は、「この人は、たぶん、ここでミスをするだろう」という部分を知り、部下が失敗する前に、クギを刺しておかなくてはなりません。部下に仕事を頼《たの》むときには、「ここのところに気をつけなさい」と、一言《ひとこと》、注意しておくのです。

したがって、上司には、部下がどういうところでミスをするかが事前に見えている必要があります。それが見えずにいて部下が失敗したならば、その失敗は、部下の責任ではなく上司の責任なのです。

以上、部下のタイプを三通りに分けて述べました。使い分けてみてください。自分にどれだけ技術があるかが試《ため》されるところだと思います。

ただ、実際には、人間の種類はもっと多く、五通りも十通りも二十通りもあります。それぞれについて対応を変えていくべきです。さまざまな対応法を自分でも発見し、実践していってください。

3　西郷隆盛《さいごうたかもり》の限界

指導者として真に人を生かすためには、どのように愛を実践《じっせん》していけばよいのでしょうか。

二つの愛──パトスとアガペー

愛は、その要素によって二つに分けることができます。

一つは情を含《ふく》んだ愛です。恋愛《れんあい》を中心としたエロスとは別に、一瞬《いっしゅん》のうちに、自己犠牲《ぎせい》的な惻隠《そくいん》の情を起こすことを、仮にパトス的愛と称《しょう》しましょう。一瞬の情感的な愛、情が中心の愛です。

もう一つ、アガペーという愛があります。これは知性を含んだ愛です。「ギリシャ的愛」とよく言われるのはアガペーのほうです。

パトスとアガペー、この二つの愛があります。

このうち、パトスのほうは「情け」に近づきやすいと言えます。「かわいそうだ」と同情し、涙《なみだ》する気持ちは、非常に大事です。ただ、これに流れすぎると、互《たが》いに慰《なぐさ》め合っているだけの集団になってしまいます。情の世界における連帯ということで、笑ったら許されない、通夜《つや》や葬式《そうしき》のような世界になるのです。

一方、智慧《ちえ》を伴《ともな》う愛であるアガペーのほうは、そのなかに愛の拡大の形式を含んでいます。すなわち、「どうすれば愛を広げることができるか」ということに関する創意工夫《くふう》を含んでいるのです。

また、アガペーは、人を指導できる高さを持つ、非常に精神的な愛です。その意味において、この愛は、神の愛、あるいは天使の愛だと言えます。要するに、相手を救うことができる人の愛なのです。

パトス（受動）とアガペー（能動）、この二通りの傾向《けいこう》の愛があります。

したがって、愛というものを、シンパシー、同情、共感の部分だけで捉《とら》えてはなりません。

未来へのビジョンを伴《ともな》う愛も必要

クリスチャンには、パトス（受難的情感としての愛）の世界にとどまっている人が数多くいます。もちろん、弱っているときや挫折《ざせつ》しているとき、人間には「抱《だ》きとめてほしい」という気持ちがあるので、慰める愛も大事です。

しかし、人を向上させる愛の大切さも知らなくてはなりません。

この両者を知っていると、「自分は、いま、どちらの愛に偏《かたよ》っているのか」

ということが分かります。

たとえば、西郷隆盛は、なかなかの偉人《いじん》ですし、人々に大きな感化を与《あた》えた人物だとは思うのですが、知の部分についての詰《つ》めを、もう少しきっちりと行《おこな》っていたならば、彼はもっと大きな仕事ができただろうと思います。

「青年たちがかわいそうだから、自分の命を青年たちにやろう」と考えた彼は、反乱軍の首領に担《かつ》がれ、「青年たちと一緒《いっしょ》に死ぬ」というかたちで愛を発揮しました。彼は愛の人ではあるけれども、その愛が、情け、情のほうに流れていったのです。

アガペーのほうの愛、高い知性を伴った愛を、晩年の彼は、なぜ発揮できなかったのでしょうか。

実は、欧米《おうべい》へ視察に行った経験のない彼には、時代の流れが見えていなかったのです。

日本政府のなかで、明治の初期に二年ほど欧米を視察した人たちには、日本の向かうべき道が、はっきりと見えていたのですが、西郷隆盛など、日本に残っていた人たちは、彼らの話をいくら聴《き》いても分からず、「かつての武士たち、士族の人たちは、どうなるのだ」という気持ちを強く持っていました。

そのため、政府内が二つの路線に分かれたのですが、結果的には、未来が見えた人たちの考えた方向へと時代は進んでいったわけです。

西郷隆盛が、ああいう死に方をしたのは、彼に未来のビジョンがなかったからだと思います。彼は、幕末には大きな仕事をしましたが、明治政府の誕生後、「日本は次にどうすればよいのか」というビジョンを持っていなかったため、そこで使命が終わり、やがて死を迎《むか》えるに至ったのでしょう。

人間は、自己の愛を、未来が見える愛へと持っていくほうが、より大きな仕事ができるのです。未来が見える愛、要するに、自分の未来も、自分が助けている人の未来も、両方とも見える愛が必要なのです。

援助《えんじょ》や救済のあり方

発展途上《とじょう》国への援助《えんじょ》に関して、「水不足で悩《なや》んでいる国に、水を与えるのと、井戸《いど》の掘《ほ》り方を教えるのと、どちらがよいか」という議論があります。

単に水を与えるだけの援助だと、いつまでたっても援助しつづけなければなりません。しかし、井戸の掘り方を教えたならば、教えられた側が、自分たちで水を手に入れることができます。

したがって、物を与えるだけより、農業や工業の方法など、技術や知識を与えることのほうが重要なのです。

キリスト教系には、戦争による被災者《ひさいしゃ》などに物資の提供をしているボランティアがたくさんいます。もちろん、それは大事なことです。

しかし、「どうすれば、立ち直れるのか。どうすれば、もっと優《すぐ》れた社会がつくれるのか」ということを教えるほうが、もっと大きな愛だと言えるのです。

インドは、現在、貧困、病気、暴動など、いろいろな問題があって、非常に悲惨《ひさん》な状態にあります。しかし、マザー・テレサが行《おこな》っていたような活動だけでは、インドを真に救うことはできません。

インドを真に救うのは、日本の明治維新《いしん》のころに活躍《かつやく》した人たちのように、自分たちの国の未来が見える人たちです。国をどの方向に持っていけばよいのかが見える人たちが必要なのです。

たとえば、日本の発展の理由を知っている人がインドにいれば、その人がその内容を教えることによって、他の人々も、どの方向に行けばよいかが分かります。このような愛が実は大きな仕事をするのです。

愛と智慧《ちえ》の両輪で

愛を与えるにあたっては、智慧を無視してはいけません。人助けといっても、単に目先のものだけでは駄目《だめ》です。すべての人を救うには大きな智慧が必要なのです。

これは、「愛が先か、智慧が先か」という問題ではありません。両方とも必要です。智慧が大きくなればなるほど、愛もまた大きくなります。「愛は大きいが、智慧は小さい」ということはないのです。

大量の水を供給しようとすれば、桶《おけ》やたらいでは足りません。やはり、水道の引き方を教えなければいけないのです。

全世界的なユートピア運動をするためには、愛と智慧の両方が必要です。愛を支えるためには智慧が必要です。また、智慧をさらに発展させるためには愛が必要です。要するに、人の苦しみや悩みが見えるからこそ、「どうにかしなければいけない」と思って、智慧を絞《しぼ》ることになるわけです。

ユートピア運動において、「少数の人たちが一生懸命《いっしょうけんめい》に活動すればよい」と考えたならば、その愛は小さいのです。ほんとうの愛であるならば、「数多くの仲間を得て、一人でも多くの人を救いたい」という思いがなければなりません。そして、大きな愛を実現するためには智慧が必要なのです。

どうか、智慧を含んだ愛を大切にしてください。

そして、隣人《りんじん》たちに対しては、情を含んだ愛、優しさというものを実践していってください。

第3章 「愛」と「智慧《ちえ》」でリーダーシップに差をつける

1 指導力が変わる「悟《さと》り」と「魂《たましい》の器《うつわ》」

偉人《いじん》を評して、「悟《さと》りが高い」「魂《たましい》の器《うつわ》が大きい」などとよく言いますが、両者の違《ちが》いについて教えてください。

「悟りの高さ」と「指導力」の関係

たとえば、二人の人間がいて、共に菩薩《ぼさつ》（注1）の霊格《れいかく》を持ち、同じ境涯《きょうがい》にいるとします。「同じ境涯にいる」とは、「悟りの高さが同じ」ということであり、それは、「認識力《にんしきりょく》、すなわち真理の理解が同じ程度である」ということでもあります。

それでは、同じ境涯にいるから、この二人が仕事をすれば同じようになるかというと、ならないのです。悟りの高さが同じであっても、狭《せま》く、厳しい人もいれば、広く、深く、さまざまな仕事ができる人もいるからです。

その両者のうち、どちらが優《すぐ》れているかというと、どちらとも言えないところがあります。

ただ、魂に広がりのある人のほうが将来性はあるように思います。

現時点で同じレベルであったとしても、魂に広がりのある人のほうは、将来、さらに発展し、もっともっと大きな指導者になっていく可能性を秘《ひ》めています。一方、狭い人のほうは、ある程度のところで発展が止まる可能性が、かなりあるのではないかという気がします。

誰《だれ》もが時間の流れのなかで修行《しゅぎょう》しているので、ある時点では、同じところに並んでいるということはあります。しかし、将来のことを考えると、魂に広がりのある人のほうが、可能性としては大きいと言えるのです。

同じく地上に出て、修行者として生きても、その人の経験した領域が違《ちが》うと、指導力に差が生じることがあります。

たとえば、修道院などで修行している人のなかにも、菩薩の心境の人がいるかもしれません。ただ、現代においては、修道院にいて院長ぐらいで亡くなる人と、激動する現代社会の波にもまれながら修行した人とでは、同じく菩薩であっても、将来、指導力に差が出てくると推定されます。

ある時点を取ってみれば、同じような心境であっても、経験を広げていくことによって、先行き、さらに大きな可能性が出てくるのです。

教育効果を高める「魂の器」

いろいろな人を受け入れられる人は、そうとう大きな器だと言えます。この受け入れられる量が、やがて仕事をしていくようになるだろうと思います。

内村鑑三《うちむらかんぞう》は、如来《にょらい》（注２）の霊格を持つ人ですが、生前、弟子に対して非常に厳しい指導をしました。彼は弟子をあまり取らず、その数は生涯《しょうがい》に二十人から三十人ほどでしたけれども、数少ない弟子たちはみな精鋭《せいえい》で、非常に優秀《ゆうしゅう》な人ばかりでした。

一方、同じく如来でも、大教団をつくり、数多くの弟子を養成する人もいます。好みの違いといえばそれまでですが、私は、多くの人を受け入れて指導していくほうが、教育効果は高く、時間効率の面でも優れているように思うのです。

それから、悟りとしては、まだそう高くなくとも、大きな経験を積んで、いろいろな人を受け入れられるような器になることは、それ自体が将来の大きな可能性を秘めています。人々との接触《せっしょく》面積が広くなれば、他の人に愛を与《あた》える可能性も高くなります。

したがって、「悟りは必ずしも高くないけれども、いろいろな仕事をした」という人は、それはそれで素晴《すば》らしいのではないかと思います。

仏教とキリスト教を比べてみると、はっきり言って、仏教のほうが悟りの高さは明らかに上です。しかし、キリスト教のほうは、ずいぶん底辺を広げています。

高く上がらなくとも、横に広がっていき、トータルで見ると、そこそこの実績ということはありうるのです。

（注1）仏法真理をもとに自分づくりを終え、人助けのために生きる人。

（注2）菩薩よりもさらに修行の進んだ段階であり、根本的思想を説いて文明・文化を創《つく》っていける人。

Q

2　大きな仕事をする五つの武器

『ユートピア創造論』（大川隆法著、幸福の科学出版刊）には、「私的幸福から公的幸福へ」という言葉がありますが、この「私的幸福」を追い求めると、「自分さえよければ」という自己保身になりそうな気がします。しかし、私には、仕事で世の中の役に立とうと頑張《がんば》っているうちに、つい自分を犠牲《ぎせい》にしてしまう傾向《けいこう》があります。

私的幸福と公的幸福について、どのように考えればよいのでしょうか。

幸せな人こそ、世の中の役に立てる

あなたは、「私的幸福から公的幸福へ」というスローガンについての理解が、まだ充分《じゅうぶん》ではないようです。私的幸福の幸福感とは、この世とあの世を貫《つらぬ》く幸福感であり、それは、悟《さと》りの幸福というものを意味しているのです。

それでは、悟りの幸福とは何でしょうか。それは、「自分自身を知りえた」という幸福であり、「自分自身を知りえた、その視点でもって、世界を解明しえた」という幸福でもあります。そして、生かされていることが分かり、その魂《たましい》の喜びは行動へと転化していきます。すなわち、世の中を変えていきたくなるのです。

こういうサイクルになっているので、私的幸福を自己保身と捉《とら》えたならば、まったく違《ちが》っています。むしろ正反対です。「私的幸福は自己保身の逆であり、自己保身をやっているかぎり、私的幸福は絶対に訪れない」ということを幸福の科学では教えています。

執着《しゅうちゃく》を断ち、「奪《うば》う愛」ではなく「与《あた》える愛」を実践《じっせん》してこそ、私的幸福は達成されます。そして、与える愛は、公的幸福へと、そのまま向かっていくものなのです。

結局、「私的幸福と公的幸福とは、別のものではなく連続するものであり、私的幸福は公的幸福への発展の途上《とじょう》にあるものである」ということが、「私的幸福から公的幸福へ」というスローガンの意味なのです。

「礼《れい》・智《ち》・信《しん》・義《ぎ》・勇《ゆう》」を身につける

若い人の場合は、その段階で世の中の役に立とうとしても、残念ながら、役に立つだけの〝武器〟が充分ではありません。

武器という言葉は聞こえが悪いでしょうが、要するに、自分が世の中で役に立っていくための手段のことです。

若い人は、まず、戦《いくさ》に出るための武器を何かつくらなければならないのです。戦という言葉は語弊《ごへい》があるかもしれませんが、仏法真理の実践、あるいは、日本を変えていく大きな運動という意味では、戦と言ってもよいでしょう。そのとき、必ず武器が要《い》るのです。

したがって、自分自身に問わなければなりません。「自分の武器は何だろうか」と――。

私は『大川隆法　初期重要講演集　ベストセレクション④』（幸福の科学出版刊）の第4章「人生の王道を語る」のなかで、指導者の条件として、「礼《れい》・智《ち》・信《しん》・義《ぎ》・勇《ゆう》」の五つの徳目を挙げました。この五つは、ある意味で、世の中の役に立つための武器だとも言えるでしょう。

最初は「礼」です。礼儀正しさというのは、世の中に出て認められるための武器なのです。

次の「智」とは、知識や経験、智慧《ちえ》のことですが、こうしたものも大きな武器です。特に学生にとっては、これは最も大事なものの一つです。

「信」とは、人から信じられることであり、人脈づくり、友人づくりのことでもあります。人間のネットワークをつくることは、大きな仕事をするための武器になります。

そして、「義」というものもあります。これは、正しさとは何かを学び、「悪を避《さ》ける」という心掛《こころが》けを持つことです。こういう心を育てることもまた、大きな仕事のための武器となるでしょう。

最後は「勇」です。これは勇気や行動力のことです。

ただ、残念ながら、「勇」だけではリーダーにはなれません。その前にある「礼」から「義」までの徳目の幾《いく》つかを身につけ、その上で「勇」が入ったとき、初めてリーダーとして完成していきます。「勇」だけの人は未開の社会にはたくさんいますが、それだけでは真のリーダーとは言えないのです。

「礼・智・信・義・勇」――この五つの徳目のなかのどれかを、自分の武器にしておくことです。こういう徳目を身につけることは、絶対に自己保身にはなりません。それは、必ず世の中の役に立つので、公的幸福につながるのです。

Q

3　リンカンやナポレオンに見る国民を導く指導者像

歴史上の偉人《いじん》たちのうち、政治や軍事の面で国民を導いたリーダーたちについて、その業績を判定する基準を教えてください。

A

政治的リーダーに対する三つの判定基準

同じく英雄《えいゆう》として歴史に名を遺《のこ》していても、如来《にょらい》や菩薩《ぼさつ》の心境で生きた人もいれば、地獄《じごく》の心で生きた人もいます。そのため、死後に行《い》っている世界は、人によって、ずいぶん違《ちが》います。

そこで、政治や軍事の面で指導力を発揮した人に対する判定基準を考えていきましょう。

①無私なる思いでの利他行《ぎょう》

第一の判定基準は「無私であるかどうか」ということです。これは、「自分の立場を、自分のために使っているのか、それとも『人々のために』という気持ちで使っているのか」ということです。

別の言葉で言えば、「その行動は、利己のためのものか、利他のためのものか」ということです。

そういう心のあり方は、外部に表れることもあれば、表れないこともありますが、天上界の目からは明らかに判定されます。大統領であろうと総理大臣であろうと、まずチェックされるのは、ここです。

したがって、できるだけ己《おのれ》を空《むな》しくし、多くの人の幸福を考えることが大事なのです。

たとえば、リンカンの最大の特徴《とくちょう》は公平無私なところにあります。彼は、人々に対して公平であり、自分を利する気持ちがなかった人です。しかも、彼の場合、多くの人の幸福ということが、偽善《ぎぜん》ではなく、心の奥底《おくそこ》から出てくる欲求だったのです。

彼のように、「自分は、多くの人のために生きることが好きだ。ごく自然に、それが天来の仕事、天職のように思える」という人が最も強いのです。

利他行《ぎょう》を実践《じっせん》していても、人の目が気になるようであれば、その欲求はまだ本物ではなく、その人は自分をかわいいという目で見ています。

たとえシュヴァイツァーの生き方をまねたとしても、それが単に自分の名を売るためのものだったならば、その生き方は虚《むな》しいでしょう。

ナイチンゲールは、生前、「名を売っている」などという非難をずいぶん受けましたが、結局、彼女に私心がなかったことが、その後の感化力や影響力《えいきょうりょく》、徳の発生原因になっています。

「それは本性《ほんせい》のものか、それとも外面《そとづら》だけのものか」ということを、世の人は正確に見分けていきます。一時期は騙《だま》せても、長くは騙せません。たいてい、その人が棺桶《かんおけ》に入るまでに、はっきりします。あるいは、後世の人々の目までは騙せません。

このように、「無私であるかどうか。利己か、利他か。多くの人のために生きようとしているかどうか」ということが第一の判定基準です。

ナポレオンがあれほど慕《した》われた理由の一つには、愛があります。流されていたエルバ島からナポレオンが帰ってきたとき、人々は歓喜《かんき》して彼を迎《むか》えました。彼の心のなかにある愛を、人々は敏感《びんかん》に感じ取っていたのです。

もちろん、彼には問題点もいろいろあったでしょうが、「利他の思いが強かった」という点で、ナポレオンは、この第一基準をクリアしていると思います。これはアレキサンダー大王も同じです。

② ユートピア社会実現への貢献《こうけん》

第二点の判定基準は、「その人が行《おこな》った政治的、軍事的行動が、ほんとうにユートピア社会実現のための貢献《こうけん》になっているか」ということです。

これを判定するのは極《きわ》めて難しく、歴史家にも充分《じゅうぶん》には分からないかもしれませんが、結局、長い歴史の流れで見るしかありません。

リンカンを例に取って考えてみましょう。南北戦争の当時、リンカンは南部の人たちから鬼《おに》のように言われていました。

「風と共に去りぬ」という映画がありますが、あれは南部の人たちの憎《にく》しみと怒《いか》りでできているような映画であり、「北軍は鬼のような存在だった。南部の人たちは、北軍に土地を荒《あ》らされ、死んでいった。そのなかを、バイタリティーに溢《あふ》れた一人の女性が生き抜《ぬ》いた」ということがテーマのドラマです。

私は、この映画を最初に観《み》たときには感動したのですが、仏法真理を悟《さと》ってから観ると、作者の意識のレベルが見えるため、感動しませんでした。

問題の一つは、主人公であるスカーレット・オハラの生き方にあります。

彼女の生き方は、はっきり言って地獄的《じごくてき》です。ああいう人生であれば、たぶん地獄へ行くでしょう。それを作者は文学としての芸術性のなかで昇華《しょうか》していますが、主人公の生き方自体は地獄的です。文学的芸術性とは違った観点があるのです。

もう一つ問題なのは、南北戦争の性格に対する分析《ぶんせき》の部分です。

結局、南北戦争については、大きな次元での価値の衝突《しょうとつ》があったと見なければいけないのです。

南部の人たちは、それまで、奴隷《どれい》という安価な労働力を使って綿花栽培《めんかさいばい》を行っていました。ところが、奴隷解放が行われたならば、その綿花事業が大打撃《だいだげき》を受けることになるため、自分たちの経済的利益を護《まも》ろうとしたのです。

しかし、そういう南軍側の利益と、奴隷を解放しようとした北軍側の利益とについて、利益の比較衡量《ひかくこうりょう》を行い、長い目で見た場合に、どちらの真理価値が高いかを判定しなくてはなりません。

南軍の司令官のなかには、リー将軍という、なかなかの人徳者がいました。非常に尊敬されていた人で、南北戦争が終わっても死刑《しけい》にならず、大きな学校の学長になり、その職務を全《まっと》うしています。

このリー将軍のように、南軍には、かなり識見の高い人もいたわけですが、それよりもっと高い基準で物事を見ていたのがリンカンだったのです。

リンカンは、アメリカのその後の歴史を考え、「奴隷を置く州と、そうでない州とがあれば、国は分裂《ぶんれつ》する。また、奴隷を認め、人間に上下関係をつくることは、国の将来に禍根《かこん》を遺《のこ》す。アメリカの将来にとって、これは大きなマイナスになる」と判断して、南北戦争を遂行《すいこう》したのです。

以上が第二の判定基準です。結局、その人の価値観のチェックが必要なのです。

③後世への精神的遺産

第三に判定されるべきことは、後世への遺産の部分です。「後世に対して、どのような精神的遺産を遺したか」、これがチェック基準です。

この基準で見ると、ナポレオンやアレキサンダーと、ヒトラーとの違いが明らかになります。あるところまでは似ていても、あるところからは違うのです。

ナポレオンにしてもアレキサンダーにしても、彼らが遺したメンタリティーは、一つの時代精神のようなかたちで受け継《つ》がれ、後世の人々を感化しています。

また、リンカンの人間平等の精神は、その後、十九世紀後半から二十世紀にかけての、アメリカの繁栄《はんえい》の源流になっているはずです。

いろいろな国の人たちが、夢を求めてアメリカにやってきて、アメリカの繁栄をつくっていきましたが、その根底には、リンカンの「人間に上下をつけない」という思想があったと思われるのです。

指導者は総合点で判定される

政治や軍事の英雄は、以上の三点ぐらいでチェックされます。しかも、それぞれについて、「イエス・オア・ノー」だけではなく、グレード（段階）があり、総合点が出て判定されることになります。人生の途中《とちゅう》まではよくても、その後、駄目《だめ》になる人もいます。

日本の戦国武将を例に取ると、武田信玄《たけだしんげん》と上杉謙信《うえすぎけんしん》は、光の天使（高級霊）の世界に還《かえ》っています。ところが、織田信長《おだのぶなが》は、死後すぐには天上界に還っていません。この違いは、どこにあるのでしょうか。

第三の基準で見ると、信玄と謙信は、死後も多くの人から愛されています。そういう精神風土を遺しています。しかし、信長の場合は、いろいろな憎しみがずっと遺っているようなところがあります。

また、「利己か、利他か」という第一の基準に関しても、ずいぶん違いがあるように思います。

それぞれ満点ということはないのですが、「実際に目指していたものが何であるか」という部分が大きく判定されるのです。

もっとも、光の天使ではない者が天下を取ることもあります。これについては、天上界の大きな計画もあって、何とも言えないところがあるのです。

Q

4　文明の流れから、今後の国際情勢を読み解く

国際情勢について、現時点での流れを見ると、アメリカの一極支配が強まり、キリスト教的な価値観の浸透《しんとう》が進んでいるのではないかと思います。これから、私たちは、どのようなビジョンや見通しを持って歩んでいけばよいのでしょうか。

A

一九九〇年前後とは見方が変わってきている

一九九〇年や九一年ごろ、私は、霊界《れいかい》の霊人《れいじん》たちの、いろいろな意見を、わりと広く聞き入れていました。当時は、イスラム教にかかわりのある霊人たち

の意見もかなり聴《き》いていましたし、また、どちらかというと霊界の裏側の存在になりますが、予言者系統の霊人たちの意見も聴いていたのです。

しかし、その後、一九九四年から、私は、仏教系の教えを中心に、幸福の科学の教義をまとめ直し、それと合わないものは整理しはじめました。

したがって、現在の私自身の考えには、一九九〇年、九一年前後とは少し変わってきている部分があります。

全体的に見て、予言者系統の霊人は「祟《たた》り神《がみ》」的な傾向《けいこう》を持っているように思います。一人や二人ではなく、いろいろな人を見て、そのように感じるのです。また、裏側の人ほど、予言的なことを言いたがるようです。

ただ、この世では、あまり予言をすると迫害《はくがい》を受けることがあります。

たとえば、大本教《おおもときょう》は、「火の雨が降る」など、東京大空襲《だいくうしゅう》に相当するようなことを予言し、それ自体には当たっている面もあったのですが、やがて弾圧《だんあつ》を受けました。

不幸の予言をして、それが当たっても、喜ぶ人はいませんし、予言が外れたら叩《たた》かれます。また、その予言が成就《じょうじゅ》するまでのあいだに、待ちきれない人たちが、その予言を信じる人たちを許せなくなり、迫害しはじめます。

このように、予言をしても、あまりよいことはないわけです。

不幸の予言が当たらないように努力している人たちもいる

予言者系統の霊人たちの予言には、やはり、不幸の予言のほうが多いのです。

予言は、当たることもあれば、当たらないこともあります。当たらないことがあるのは、不幸の予言が当たらないように努力している人たちもいるからです。

しかし、不幸の予言をすると、予言をした人自身が、その不幸を望んでいるように思われてしまいます。

そこで、私は、「あまり、そういうことを言わないほうがよい」と考えて、一九九〇年代の終わりごろから、そういう予言は撤回《てっかい》して、いまは言わなくなっています。

天上界には、いろいろな意見がありますが、幸福の科学としては、採用した意見についての責任が生じるので、責任が取れる意見にまとめていくほうがよいのです。そのため、いまは、予言者系統の霊人を外していますし、イスラム系に親和性のある人の意見を、どちらかというと封《ふう》じています。

イスラム系を指導している霊人たちは、彼らなりの意見を持っているので、キリスト教系の霊人たちと対立することもあります。これは一種の勢力抗争《こうそう》です。アメリカで言えば、共和党と民主党の対立のようなものです。日本に複数の政党があるように、天上界にも複数の勢力があり、この世の宗教における多数派の形成を目指して、いつも歴史のなかで鎬《しのぎ》を削《けず》っている面があるのです。

そういうなかにあって、幸福の科学としては、どの意見も同等に扱《あつか》えるわけではありません。どの意見に同調するかによって、幸福の科学の運命が変わることもあるため、以前とは少し考え方を変えている面もあるのです。

これが、ここ十年余りの流れです。

現時点ではキリスト教系の文明が世界最強である

予言者系統の人は、ほとんどが砂漠《さばく》地帯の人です。いままで言えば、イラン、イラク、クウェート、サウジアラビア、レバノン、イスラエル、エジプト、このあたりに生まれた人たちです。こういう人たちのなかには、私とは少し別の価値観を持っている人もいるので、この辺の意見を、いま私は遠ざけています。

彼らのなかには、イスラム復活運動、イスラム復興運動を唱えている人たちもかなりいます。私は、そういう人たちの意見も最初は少し聴いていたのですが、いまは聴いていません。そして、彼らの動きを見ています。

イスラム教は、七世紀にマホメット（ムハンマド）によって起こされた宗教で、キリスト教よりあとに起きたものです。それ以降、イスラム文明は、一時期、キリスト教文明より進んでいたのは間違《まちが》いありません。中世において、キリスト教文明は暗黒時代を迎《むか》えたのに対し、イスラム文明のほうは数学などの科学も発達して繁栄《はんえい》したのです。

たとえば、アリストテレスの哲学《てつがく》は、キリスト教文明のほうでは、「信仰《しんこう》を害する」という理由で、かなり迫害され、ほとんど消えていたのですが、彼《かれ》の著作が、イスラム世界でアラビア語に翻訳《ほんやく》され、スペインに保管されていました。それが、のちにラテン語に翻訳し直され、復活したのです。

そのように、中世では、イスラム文明のほうがキリスト教文明より優位にあった面もあるのですが、近現代を見るかぎりでは、キリスト教の復活というか、プロテスタントの出現以降のキリスト教の盛り返しは、かなりのものです。

産業革命以降、キリスト教国の国力は増強され、ここ二、三百年は、全地球的に見れば、やはり、キリスト教文明が世界の主流であったことは事実です。

現時点では、キリスト教系、特にアングロサクソン系が主流の文明が、世界最強であることは間違いありません。キリスト教と一体化した、アングロサクソン系の文明が、いま世界でいちばん強いのです。

これに対して、イスラム文明は、中世では勝っていましたが、近世以降は負けていて、イスラム教は、アフリカその他、植民地化された地域などにしか広がっていません。

戦後、英米系文明と合流しはじめた日本文明

いま、アメリカとイラクには、文明としての落差が明らかにあります。湾岸《わんがん》戦争やイラク戦争では、アメリカ側の一方的な攻撃《こうげき》が多く、ほとんどワンサイドゲームです。イラク側は近代戦になっていません。

湾岸戦争のときに、イラク軍は百万人近くいたはずなので、昔の戦争の観念からすると、アメリカ側が二十万人や三十万人で攻めていっても、簡単に勝てるものではなかったのですが、イラクは惨敗《ざんぱい》しました。イラクは戦争思想自体が古く、近代兵器の面で、アメリカとは、かなりの差があったのです。

日本文明は、小さいけれども、第二次世界大戦ではアメリカに挑戦《ちょうせん》しました。当時、日本は空母中心の機動部隊を持っていました。空母までつくってアメリカと戦った国は日本だけです。日本は、負けて、国がぼろぼろになりましたが、考えてみると、アメリカと四年も戦ったのですから、相対的に見て、いま

のイラクよりは、かなり強かったと言えます。半世紀以上前の日本は、はっきり言って、いまのイラクよりも進んでいたと思われます。

当時の日本は、かなりの勢力を持って伸《の》びていました。そして、アメリカとのあいだに覇権《はけん》戦争が起きたのです。

日本は、第二次世界大戦に負けて、いったんは衰退《すいたい》しました。しかし、戦後、日本文明は、英米系、アングロサクソン系の文明と、かなり合流しはじめたと言えるでしょう。

アングロサクソン系の文明は明治維新《いしん》で日本に入ってきていたのですが、日本は、技術を取り入れても心は屈《くっ》しておらず、「洋風より和風が上だ」と思っていました。しかし、戦争をした結果、「心、マインドのほうも、ある程度、洋風にしなければいけない」ということに気づいたのです。これは第二次世界大戦の意義の一つでしょう。

したがって、この時点でアングロサクソン系の優位が確立したのです。

ただ、イギリスやフランス、オランダなどが植民地にしていたアジアの国々は、この戦争を契機《けいき》に独立していったので、アングロサクソン系が日本文明に敗れた部分もありました。アングロサクソン系の完全勝利ではなく、あちらにも反省が働いたような戦いになったのです。

戦争を契機《けいき》として文明の優劣《ゆうれつ》が検証される

私は、「戦争を契機として、文明の優劣《ゆうれつ》が時代的に検証されているのではないか」と、マクロでは見ています。

イスラム教はアジアにも進出してきていて、信者数だけを見ると十億人以上になっています。「信者数ではキリスト教を凌駕《りょうが》するのではないか」と思っている人もいるでしょう。イスラム系を指導している民族神のなかには、「アメリカをも侵食《しんしょく》しよう」と考えている人はかなりいます。

しかし、「信者数ではなく、内容的に見て、どうであるか」という点で、キリスト教文明とイスラム文明のぶつかり合いが、いま始まっているのです。

第二次世界大戦のときの、国家神道《しんとう》を中軸《ちゅうじく》とした日本文明と、アングロサクソン系のキリスト教文明との戦いは、両者が背景に宗教をきちんと持っていたので、宗教的な戦いでもありました。「どちらが上か」という点で、日本の神々、民族神のほうも譲《ゆず》っていませんでしたが、両者が戦って結果が出たのです。

似たようなことがアメリカとイラクのあいだで起きています。やはり、背景には宗教があります。宗教としての優劣を決しようとして争っているところがあるのです。

アメリカのブッシュ大統領は、思わず口を滑《すべ》らせ、イラクに派遣《はけん》した米軍を十字軍のように言って顰蹙《ひんしゅく》を買いましたが、彼の本心は、そうなのでしょう。

「決着をつけたい」と思っているところがあると思うのです。

いまのアメリカ文明はユダヤ教とキリスト教の合体文明

ユダヤ民族は、アメリカの中軸、金融《きんゆう》やマスコミを握《にぎ》っています。いまのアメリカ文明はユダヤ教とキリスト教の合体文明です。このアメリカが、ユダヤ教を嫌《きら》うアラブとの戦いに入っているのです。

中東の砂漠地帯は、ほとんどがイスラム教の勢力圏《けん》ですが、ユダヤ民族は、そのなかに入り、他の民族を追い出して、イスラエルという国をつくりました。アラブの人たちは、それを「けしからん」と思っていて、ユダヤ民族を追い出したがっています。

実際、他人の土地のなかに、いきなり家を建てたら、相手が怒《おこ》るのは当たり前です。この世の論理から言えば、そのとおりですし、宗教的にも、そうかもしれません。また、人口の数で見れば、どう見てもアラブ側が優勢です。

しかし、イスラエルは、アメリカが庇護《ひご》しているので、かなり強い国であり、「軍事力において世界第二位かもしれない」というぐらい強いのだそうです。小さい国なのですが、お金はあり、技術力は高く、核兵器《かくへいき》を持っているため、「アメリカの次にイスラエルが強い」という説があるほどです。いまはイスラエルのほうが中国よりずっと強いのです。

これほど強いのであれば、周辺のアラブ諸国は、そう簡単にはイスラエルを滅《ほろ》ぼせません。戦争をしても、自分たちのほうがやられてしまうでしょう。

これは技術力などの差によるのです。イスラエルは、お金と知識、科学を入れ、人数の足りない面を先進性で補っているので、イスラエルと戦えばアラブのほうが負けるはずです。そのくらい差があるようです。

しかも、イスラエルはアメリカと組んでいます。アラブの国が、アラブの大義を奉《ほう》じて、イスラエルやアメリカと軍事的にぶつかっても、敗れるはずです。サダム・フセインは、アラブの人々にとっては、サラディン以来の英雄《えいゆう》ということだったのですが、〝馬と剣《けん》〟で戦おうとしたのが祟《たた》って、敗れました。イランやレバノンも、同じように屈する可能性が極《きわ》めて高いでしょう。

二十一世紀中、アメリカは没落《ぼつらく》しない

欧米《おうべい》とイスラム諸国とは、科学技術の面での文明格差が、五十年から百年、場合によっては、それ以上に開いています。「科学技術の発展が後《おく》れた国は、それが発達した国との戦争に勝てない」ということで、かつて日本が経験したように、イスラム諸国でも、敗戦を契機として改革運動が起きるでしょう。

地球レベルで見た場合、おそらく、英米系の神々、民族神が、イスラム系の神々を、ややリードしていると思います。

もちろん、「片方が完勝し、片方が完敗する」というようなかたちにはなりませんが、両者が鎬《しのぎ》を削った結果、文明としての優劣はつくでしょう。そして、イスラム教側の改革運動が起きてくると思うのです。

先の植民地時代に、悪いこともかなりしたので、イギリスなどの欧米諸国には、いったん反省しなくてはいけないところもあります。しかし、「植民地を自立させてはみたものの、その発展が後れている」という部分について、いま第二波の試練が来ているのです。

現在、世界は、こういう大きな流れにあると言えます。

以前、私は、日本の民族神やアラブ系の霊人たちの意見に配慮《はいりょ》して、アメリカの没落《ぼつらく》の可能性に言及《げんきゅう》したこともあります。

しかし、現時点で客観情勢として見るかぎりでは、アングロサクソン系の神々の指導力、霊力《れいりょく》は、まだかなり強くて、二十一世紀中に、彼らがマイナーになり、アラブ諸国やアジアの国々が世界の中心になるということは、考えられません。

アメリカの没落は、すぐには来ないでしょう。イスラム系の、同時多発テロを起こした側の人たちは、「アメリカは没落する」と思っていますが、「少なくとも二十一世紀中にはアメリカは没落しない」と見てよいのです。

日本が果たすべき役割

日本が先の敗戦で受けた痛手は百年ぐらい続きます。日本が世界のリーダーとなり、価値観などでリーダーシップを取るには、まだ時間がかかるだろうと思います。

しかし、日本は、国力が世界のナンバーツーのところまで来ていますし、いま、じわじわと変化しているので、アメリカと組みつつ、「有色人種の国として、アジアや砂漠地帯の復興や文明開化などに手を貸す」という役割を、充分《じゅうぶん》に果たせるのではないかと私は考えています。

すなわち、日本としては、アメリカと協調しながら、「アジアの一角《いっかく》を占《し》める国、アジアの重要な国として、アジアの国々の後れている部分を改革していくことに協力する」という立場を取るのがよいのです。

イスラム教圏のほうは、一部には繁栄しているところもあるのですが、あまりにも旧《ふる》い慣習、戒律《かいりつ》などに縛《しば》られていて、後れを取っています。思想には、いろいろなものがあるのですから、もう少し開放的になり、それらを勉強してほしいと思います。

インドにも旧い伝統的な宗教がたくさんありますが、これらも、多少、整理しなくてはいけないと思います。これ以上、旧い宗教の〝磁力〟が強すぎると、不幸が続きすぎるのではないかと考えています。

また、中国に対して、日本は、いま経済的にかなり影響《えいきょう》を与《あた》えています。今後、この無神論の社会主義大国が変化していくので、このあたりで、日本の大きな力が働きはじめるでしょう。おそらく、日本は、アジアにおいて、そういう意味でのモデルになるのではないかと考えています。

地球文明にとってプラスになる方向とは

マクロの見方は前述したとおりであり、今世紀にはアメリカ中心の文明は終わらないので、日本はアメリカと協調していくのがよいのです。

日本で、これに反対している人たちは、安保闘争《あんぽとうそう》を繰《く》り返しているようなものであり、文明の流れを見切れていません。アメリカと協調しなければ、日本の国の繁栄にとってマイナスになるでしょう。大きな流れには、ついていったほうがよいのです。

いま、中国が、市場原理を取り入れた資本主義国になったならば、たいへんありがたいことです。中国がそういう国になり、北朝鮮《きたちょうせん》も自由主義圏に入り、日本、朝鮮半島、中国、東南アジア、オーストラリアなどが、似たような価値観で繁栄できたら、最高だと思います。これを目指すべきです。

あとは、イスラム教圏の風通しを少しずつよくしていくことです。

大きな目で見れば、そのような方向を目指すことが、地球文明にとってプラスになると、私は判断しています。

Power to Influence
leadership that transcends skill

Part. 3

第三部 ストレスを乗り切る秘訣《ひけつ》

第1章 心の波立ちを静めて、仕事に成果を

1 疲労《ひろう》、いらだち、憂鬱感《ゆううつかん》を乗り切るコツ

私はサラリーマンですが、仕事中に、いらいらしたり、憂鬱《ゆううつ》な気分になったりすることがよくあります。いらだちや憂鬱を乗り切るコツを教えてください。

深呼吸と笑顔《えがお》で気分を切り替《か》える

サラリーマンが仕事をしていると、たいてい、いろいろな人が来たり、電話が何本もかかってきたりします。

「電話などなければ、にこやかにしていられるのだが」と思っても、電話はガンガンかかってきます。しかも、クレームの電話など、面倒《めんどう》なものが多いと、

だんだん、いらいらしてきて、周囲の人たちに当たることもあります。

このように、仕事が忙《いそが》しいと、しだいに疲労《ひろう》が蓄積《ちくせき》して、心の状態が悪くなりがちなのです。

したがって、一日のなかに何回か節目をつくり、自己の心の状態をチェックすることが大切です。

そして、「人に対して、きついことを言いはじめた。心が荒《あ》れてきたな」と思ったならば、いったん席を外し、洗面所などで深呼吸をするのです。ほんの一分ぐらい深呼吸をするだけで、心はかなり穏《おだ》やかになります。

また、その場所に鏡があるときには、自分の顔を映してみて、疲《つか》れた顔や険《けわ》しい顔をしていたならば、ニコッと笑って笑顔《えがお》をつくります。

そして、「よし、頑張《がんば》るぞ。あと五時間だ」などと思い、戻《もど》って仕事を始めるのです。そうすると、一時間か二時間はもちます。

その後、また心が荒れてきたら、同じことを繰《く》り返していけばよいのです。

このように、自己をチェックしながら、努力して気分を切り替《か》えていってください。

ある程度、これを続けていくと、短時間で切り替えができるようになり、「いけない」と思った瞬間《しゅんかん》に、呼吸を整え、ニコッと笑えるようになります。ほんの五秒か十秒で切り替えられるようになるのです。

明るい雰囲気《ふんいき》をつくる

営業等で外へ出るとき、雨の日などは憂鬱で嫌《いや》なものです。「あそこへ行っても、どうせまた断られるだろう。先方が留守だったらよいのに」などと思いながら、訪問先の周りをうろうろしているうちに、結局、喫茶店《きっさてん》に入ったりします。そのため、雨の日は喫茶店が流行《はや》るのです。

この場合も考え方は同じです。訪問先の玄関《げんかん》の前まで行き、自分を俳優、役者だと思い、ニコッと笑いながら入っていくのです。

そうすると、なかの人たちが、「何かよいことがあったのですか」と何度も訊《き》いてきたりします。笑っているだけで、そうなるのです。

世の中の人は、いつも悪い話ばかり聞いているので、よい話を聞きたくてしかたがないわけです。

よい話がありそうな雰囲気《ふんいき》をつくっていて、「まだ話せないのです」などと言って帰ると、やがて、先方が、「よい話は煮詰《につ》まりましたか」と言って、挨《あい》拶《さつ》に来たりするかもしれません。

やや派手めの服装を心掛《こころが》ける

体調も悪いし、天気も悪く、「気がめいって、どうしようもない」というときがあります。こういうときには、気分を高めるために、やや派手めの服装にするという方法もあります。

たとえば、赤いネクタイをつけ、鏡を見てニコッと笑ってから出かけるのです。赤い色を見ると人は興奮するので、その分、気分が活性化します。そういう効果があるのです。

内面をなかなか変えられない場合には、このように、外面を変えることも大事です。外面を変えると、内面も変わることがあるのです。

それから、自分の調子が悪くても、相手が喜んでニコッとすると、自分も調子がよくなってきます。そういうことは、よくあります。また、人からよい話を聞いても調子がよくなります。

以上、幾《いく》つかの方法を紹介《しょうかい》しましたが、努力をしてみてください。絶対に道は開けます。

QA

2 デキる人ほど難しい？「平静心」の磨《みが》き方

千手観音《せんじゅかんのん》のように数多くの仕事を同時にこなしつつ、平静な心を保つためには、どうすればよいか、教えてください。

ビジネスエリートは瞑想《めいそう》が苦手

千手観音は理想ではありますが、数多くの仕事を同時にこなせる人は、なかなか、いないものです。

この世というものは、そう簡単《かんたん》にはいきません。「やりたい、やりたい」という気持ち、「いろいろな仕事をして活躍《かつやく》してみたい」という気持ちはあっても、実際には、制約が多くてできないことが多いのです。

したがって、「千手観音とはいかないけれども、二、三本、手が多いぐらいの働きができないだろうか。足や口が少し余分にあるぐらいの仕事ができないだろうか」というあたりが、普通《ふつう》の人が願うべきところでしょう。

この世的に仕事のできる人は、口や手足が忙《いそが》しいだけではなく、心もけっこうせわしくて、いらいらしていることが多いのですが、実は、そういう人ほど、ビジネスマンとしてはエリートだったりするのです。

そういう人が、たとえば休日に幸福の科学の研修所（精舎《しょうじゃ》など）に来て、精神統一をしようとしても、なかなか、うまくいきません。ほんとうに、かわいそうなぐらいできないのです。

ビジネスエリートたちは、「自分は仕事ができる。自分は優秀《ゆうしゅう》だ」と思っているのですが、研修所においては、「なんと出来の悪い人だろう」と思われるほど、瞑想《めいそう》ができないわけです。

アルファ波とベータ波

人間の脳波にはアルファ波とベータ波があります。アルファ波は、凪《な》いだ水面のような、非常に穏《おだ》やかな心の状態にあるときの脳波です。一方、ベータ波は、がちゃがちゃとした忙しい心の状態にあるときの脳波です。

ビジネスエリートたちからはベータ波がよく出ていて、これを直すことは、残念ながら、そう簡単にはできません。

そういう人が幸福の科学の研修所に来ると、「何か忙しそうだな。時計ばかり見ている。もう少し、どうにかならないのだろうか」というような印象を周囲に与《あた》えます。そのため、心境の進んでいる人たちが迷惑《めいわく》することもあります。

しかし、これは、心の傾向性《けいこうせい》であって、なかなか直らないのです。

そういう人は、朝の通勤において、人より少しでも早く会社に着きたいと思い、人をかき分けて満員の電車のなかに入っていきます。ほんとうは会社での仕事が嫌《きら》いなのに、嫌いな会社に一分でも一秒でも早く着きたいと焦《あせ》っています。これは、長年続けると、なかなか直らないのです。

しかし、せめて、研修所に来るときぐらいは、心を入れ替《か》えてみてください。日ごろ、会社では、「こういう人は自分より仕事ができない」と思っていたようなタイプの人たちが、研修所では、打って変わって自分よりも優秀になります。そういう人たちに少し〝精神棒〟を入れてもらい、「なっとらん」などと言ってもらったほうがよいのです。

こういう人には、忙しさの代償《だいしょう》として何か置き忘れたものがあるのです。

人間はそれほど器用には変わりませんし、現在の仕事そのものを変えることはできませんが、ときどき、仕事とは違《ちが》ったような精神状態を維持《いじ》する場所を、努力してつくってください。精神統一をする空間や時間を、努力してつくることが大事です。

これは宗教活動においても同じなのです。

宗教の伝道に関して、「伝道をすると、相手の影響《えいきょう》を受け、心が乱れるのではないでしょうか」と訊《き》く人がいます。

確かに、心が乱れることもあるでしょう。伝道の相手のなかには、悪霊《あくれい》の作用を受けている人もいるでしょうし、そういう人に伝道をすると、疲《つか》れることもあるでしょう。

しかし、そういうときにこそ、仏法真理の経文《きょうもん》を読んだり、仏法真理のＣＤやカセットテープを聴《き》いたり、反省をしたりして、修行《しゅぎょう》すればよいのです。そうすれば、心境はさらに進みます。

そして、伝道の経験を積み、慣れてくると、小さな水たまりではなく湖のような大きな気持ちになれます。そうなると、伝道のときに、相手の影響を受けにくくなるのです。

意識を切り替《か》える努力を

この世で生きているあいだは、忙しく活動しなければいけないこともありますし、それによって心が乱れることもあります。しかし、それは一種の税金だと思わなければいけないのです。

「一年中、研修を受けていたい」と思っても、なかなか、そうはいきません。この世で生きていく上での税金として、忙しく立ち働かなければいけない部分があるのです。

したがって、忙しい人は、意識を切り替える努力をしていくしかありません。忙しい人ほど、心を見つめる静かな時間を取ることが大事なのです。

仮に、仕事が何もなく、しかも、生活のことを何も心配しなくてもよいだけのお金を持っていたら、心は、くつろいでいるでしょう。

しかし、しばらくすると、心配になり、いろいろと心が波立ってきます。自分は世の中から見捨てられたような気になって、何か働きたくなります。

あれほど、「楽になりたい。静かになりたい。一人になりたい」と言っていたのに、人の顔を見ないではいられなくなるのです。人間とは、ぜいたくなものです。

したがって、仕事は、やはりしなければいけません。

ただ、仕事をすると、どうしても心は荒《あ》れます。しかし、それは税金の部分だと思わなければいけないのです。

会社がお金を儲《もう》けても、半分近くは税金に取られ、残りが利益として残ります。仕事も同じです。仕事は世の中の役に立つためにやっているので、「仕事で疲れたり心が乱れたりすることは、この世で生きていく上での税金だ」と思ってください。そして、「半分は税金として取られるが、残りの半分は、きちんと利益として残るのだ」と考えることです。

修行した分だけ利益がきちんと残るのですから、忙しいとき、苦しいときほど、反省行《ぎょう》や祈《いの》りなど、いろいろな修行をすることが大切なのです。

Q

A

3 「欲が過ぎて不幸になる人」の特徴《とくちょう》

幸福の科学には、「強い願いは実現していく」という教えもあれば、「実力の範囲内《はんいない》で生きよ。欲が過ぎると滅《ほろ》びに至る」という教えもあります。自分の願いが、過ぎた欲望か、そうではないのかを見極《みきわ》めるポイントを教えてください。

度が過ぎると、いろいろなことが逆風になってくる

あなたは、「自分は、どのくらいのことまでなら願ってもよいのか。どこからが過ぎた欲になるのか」ということを知りたいのでしょうが、そのためには自分を知らなくてはなりません。これは、自分を知る戦いなのです。

度が過ぎると、客観的情勢として、いろいろなことが逆風になってきます。たとえば、仕事の面で度が過ぎると、病気になって倒《たお》れたりします。別に「病気になりたい」と思っているわけではないのに、なぜか風邪《かぜ》をひいて熱が出たりして倒れるのです。あるいは、本人は元気でも、家族が倒れたりします。

また、仕事でのストレスが強いと、子供が問題を起こすこともあります。子供が、親のストレスの影響《えいきょう》を受けてしまい、学校で先生や友達とトラブルを起こしたりするのです。

社会的に成功していると言われる社長族やエリート族の場合、家庭へのしわ寄せは、かなりあるでしょう。本人は気がついていなくても、奥《おく》さんや子供、親など、自分以外の人がストレスの影響を受ける場合が多いのです。

したがって、自分や家族の現状を常によく見ていなくてはいけないのですが、猪突猛進型《ちょとつもうしんがた》で前方しか見えないタイプの人には、それができないのです。

そういう人に対して、会社で午後三時ごろに、「今朝《けさ》、あなたの奥さんは、お化粧《けしょう》をしていましたか。口紅の色は、どんな色でしたか。服は何を着ていましたか。昨日《きのう》とは違《ちが》いましたか」と訊《き》いてみてください。たいていは絶句してしまうでしょう。ほとんど何も覚えていないはずです。思い出せる人は、めったにいません。

そのレベルの人にとって、「自分の家族が心のなかで何を悩《なや》んでいるか」ということは、分かるはずもないし、聴《き》きたくもないのです。

夜の十時か十一時に家へ帰ってくると、家族とほとんど話をせず、「飯《めし》」「風《ふ》呂《ろ》」「寝《ね》る」ぐらいしか言わない人もいます。トイレに入っているときに奥さんから盛んに話しかけられ、怒《おこ》り出す人もいます。休日になると、たいていはゴルフに行ってしまい、家にいなくて、「家には、お金を入れているだけ」という人もたくさんいます。

このような状態の人は家族のことに無関心です。そのため、家族の様子や変化がほとんど分からないのです。

ところが、世の中はうまくできていて、そういう人には、やはり、どこかで何らかの挫折《ざせつ》が訪れます。昇進《しょうしん》が止まって、左遷《させん》をされたり、降格をされたり、窓際《まどぎわ》に回されたりして、内省的な時間を過ごすことになるのです。

まれに、一直線に最後まで上り詰《つ》める人もいますが、そういう人は、多くの場合、家庭が崩壊《ほうかい》します。家庭が崩壊しない場合は、自分の周りに何か不都合が起きてくることになります。

賢《かしこ》い人であれば、事前に、そういうことに気づくべきなのです。

体調に異変が生じていないか

「自分は欲が過ぎていないか」ということを点検するためには、まず、自分の健康状態を見てください。健康面で、いろいろと問題が出るようであれば、仕事など、自己実現において、欲が過ぎている可能性は高いのです。

体調は、表面意識ではない部分、すなわち潜在《せんざい》意識が管理している面もあり、度を超《こ》すと肉体の調子が悪くなります。

最初は風邪あたりから始まるでしょうが、「風邪の効用」を説く人もいるのです（整体《せいたい》研究家・野口晴哉《のぐちはるちか》）。なぜなら、風邪には、「肉体が本格的に壊《こわ》れることを防いでいる」という一面があるからです。

年に一回や二回、風邪をひくことはありますし、そのせいで、三日から一週間ほど調子が悪いこともあります。それは、「少し休みなさい」という信号なのです。生命の、もっと根源的なところから、「あなたの肉体は、休みを取らないと、もちませんよ」という信号が出ているわけです。

このように、風邪をひいて体調が悪くなることには、「休んで肉体の調整をする」という面があります。それは、車で言えば修理をしているようなものでしょう。病気には、そのような面もあるのです。

したがって、体調に異変が生じたときには、やはり、自己反省をしていただきたいと思います。

仕事でクレームが増えていないか

それから、「仕事でクレームが増えていないか」という点を点検することも大切です。営業などの仕事で、目標が高く、無理をしている場合には、外部からクレームがたくさん来るはずです。仕事において、間違ったり、やりすぎたりしていると、クレームが増えてくるのです。

クレームの処理は非常に大事なことです。クレームに対して聴く耳を持たない会社は潰《つぶ》れます。クレームの処理は、丁寧《ていねい》に行わなくてはなりません。

よくない商品を、よい商品のように言って押《お》しつけても、結局、クレームが来ます。その後始末《あとしまつ》をしているうちに商品は売れなくなってきます。それは、仕事において中道《ちゅうどう》を超えたことに原因があるのです。

このように、健康の悪化やクレームの増加に気をつけなくてはなりません。

家庭で問題が起きていないか

また、仕事で度が過ぎていると、家族が病気になるなど、家庭がおかしくなってきます。その状況《じょうきょう》を感知できなければ、次は離婚《りこん》問題が起きてきます。その結果、仕事のほうに、もっと大きなダメージが来ることもあります。

GE（ゼネラル・エレクトリック）という世界的大企業《だいきぎょう》を立て直したジャック・ウェルチは、経営者として、救世主、中興《ちゅうこう》の祖のように言われていますが、GEの会長であったときに、五十歳《さい》を過ぎてから奥さんと離婚しています。

なぜかというと、彼が、家庭を顧《かえり》みない仕事人間だったからです。仕事で、なかなか家に帰らず、休日も仕事絡《がら》みのゴルフばかりをしていたのです。

また、ウェルチは大勢の社員のクビを切って切って切りまくりました。夫が、何万人ものクビを切ったあと、髪《かみ》を振《ふ》り乱して血刀《ちがたな》を持っているような雰囲気《ふんいき》で家に帰ってきたら、その圧力を受け止める奥さんのほうは、たまらないでしょう。家庭はストレス処理の場ではありますが、そこまでいくと、まともな人間には受け止められません。結局、奥さんは家から逃《に》げ出してしまったのです。

別れた奥さんは、大学で勉強し直し、弁護士になりました。その大学で知り合った人と再婚《さいこん》して、夫婦で弁護士をしているそうです。一方、ウェルチのほうも再婚しましたが、次の奥さんにはゴルフを覚えてもらったそうです（ただし、また離婚したそうですが）。

このように、この世的な成功と家庭とが両立しないケースは多いのです。やはり、少し度が過ぎているのでしょう。

会社など外では成功していても、家庭でつまずくことがあるので、問題が起こる前に、いち早く兆候に気づくことが大事です。自己中心的であると、それが分からないので、人の気持ちなどを、まめに観察することです。

「発展」と「反省」のバランスを取る

これまで述べてきたように、「健康を害する」「仕事でクレームが増える」「家庭で問題が起きる」といったことが、いろいろと発生してきたならば、これは「仕事で無理をしすぎている」ということなので、少し自重しなければなりません。そうでなければ、責任ある仕事はできないのです。

たとえば、流行作家が、「月に十数本も連載《れんさい》を抱《かか》えている」という状態になったならば、これは、かなり無理をしています。その結果、体を悪くして入院したりしたのでは、責任を果たせません。

そういうときには、奥さんが苦情を言うなど、兆候は必ず出てくるので、それを見る目があれば、あるいは聴く耳があれば、反省が働きます。

幸福の科学では「発展の原理」が説かれていますが、それは、「たくさん突《つ》っ走《ぱし》ったら、それでよいのだ」ということではありません。

幸福の科学の教えには「反省の原理」も入っていて、「調子が悪くなってきたと思ったときには、きちんと反省をしていくことが大事である」と説かれています。そういう、バランスの取れた考え方になっているのです。

物事には限度というものがあります。欲が過ぎているときには、その欲の調整が必要なのです。

これは永遠のテーマであり、また、各人のテーマでもありますが、ここまで述べたことを指標にしながら、点検していただきたいと思います。

第2章　ストレス知らずの決断力の磨《みが》き方

power to influence

leadership skill

1 管理職のためのスランプ脱出法《だっしゅつほう》

熱心に仕事をしているうちに、いつのまにか、深いスランプに陥《おちい》ってしまうことがあります。スランプの原因や、その予防などについて、教えてください。

過労を防ぐ自己チェック

スランプの具体的な原因としては、オーバーワーク（過労）が最も多いと思います。

したがって、スランプに陥りそうなときには、「自分の現在の体力や気力、知力で、どの程度までもつか」ということを考えてみて、一週間先、あるいは一カ月先までの行動計画、スケジュールを洗い直してみることが必要です。その結果、「どうしても無理がある」と思ったならば、適度な休みを入れていく以外に手はありません。「現在の体調からすると、このスケジュールでは少し危ないな」と思ったときには、事前に適度な休みを入れることです。

ときには不眠不休《ふみんふきゅう》で働かなくてはならないこともあるでしょうが、よい仕事を長く続けていくためには、適度な休みを入れることが大切です。休みを入れた分は別の日に取り返せばよいのです。

しだいに低空飛行になって、地面すれすれを、ふらふらと飛んでいるよりは、いったん着陸し、給油を行い、機体をチェックして、再び飛び上がったほうが、よい結果が出るのです。

「自分に適度な休みを与《あた》えることも知恵《ちえ》の一つだ」ということを知ってください。

完全主義者ほどスランプになりやすい

スランプに陥りやすいのは、「何もかも自分でやろう」という気持ちの強い人です。完全主義の人ほどスランプになりやすいのです。

そういう人は、「自分がしなければならない仕事、自分にしかできない仕事をしているのか。それとも、他の人の仕事を奪《うば》っているだけなのか」ということを、よくチェックする必要があります。

完全主義者は、「自分でなければできない」と思い込《こ》み、力んでいることが多いのですが、実際には、「人を使うのが下手《へた》なだけ」「他人の仕事を奪っているだけ」「知恵がないだけ」という場合がよくあります。

本人は一生懸命《いっしょうけんめい》に仕事をしているつもりでも、実は他の人の仕事を奪っているという例は少なくありません。

たとえば、会社の課長のなかには、自分がいないと仕事が絶対に回らないようにしている人がよくいます。そのため、その人が休みを取ると、課員は何をすればよいのか分からず、「課長が出てくるまで、お待ちください」と言って電話番をしています。こういう課長は他の人の仕事をかなり奪っているのです。

自分が頑張《がんば》るのは当然のことですが、それだけではなく、自分がいなくても、ある程度は仕事が回るようにしておかなくてはなりません。そうしたバックアップ・システムをつくっておくことは、自分のためでもあれば、他の人のためでもあり、また、会社全体のためでもあるのです。

「課長が休むと、何が何だか、さっぱり分からない」というところは、将来、どこかでパニックに陥ります。「課長が休んでも充分《じゅうぶん》にバックアップができる。課長をバックアップする人が休んでも、さらにバックアップができる」というぐらいの体制をつくることが必要です。

自分が病気で倒《たお》れたあと、他の人たちが集まって、「何とかしなければ」と相談するという事態にならないように、事前にきちんと手を打っておくべきなのです。

部下を育てる「ヒントの与《あた》え方」

世の中には、駕籠《かご》をつくる人だけではなく、駕籠を担《かつ》ぐ人もいれば、駕籠に乗る人もいるのですから、役割分担が非常に大事です。いろいろな人に、それぞれ仕事を受け持ってもらわなくてはなりません。

したがって、自分が頑張るだけではなく、他の人にも仕事を与え、その人を育てることが大切なのです。

上司とは、部下に仕事を与える存在です。上司が仕事を与えなければ、部下は伸《の》びません。仕事を与えることは、その人を苦しめることではなく、育てることなのです。

また、上司は部下を導く存在でもあります。上司は、「どうすれば部下が自分で判断できるようになるか。どうすれば部下がうまく育つか」ということを考えなくてはならないのです。

たとえば、部下から相談を受けたときには、その人に対して、「こうしなさい」「ああしなさい」と言うだけではなく、「この点をどう思うか」「この本には、こう書いてあるが、それについて、どう思うか」などと問うことも大切です。

そうすると、その人は、「うーん、そうだな」と考えはじめます。そのあと、「この本をよく読んで、もう一回、考えてみなさい」などとアドバイスすればよいのです。

「相手の問題を、自分がすべて解決しなければならない」と思ってはいけません。その人にとって大事なヒントを与えてあげれば、それで充分なのです。

なかには、「人から相談を受けたところ、相手の悩《なや》みにどっぷりと浸《つ》かってしまい、気がつくと、その人の悩みに一カ月も付き合っていた」というような人もいますが、それは、ほんとうの意味における愛ではないでしょう。

それでは、相手の立ち直りは遅《おそ》く、また、自分自身の仕事も非常に遅れ、他の人々への愛も少なくなります。

相手の悩みに付き合うのではなく、その人がみずから立ち上がれるように導くことが大切です。それは、自分の仕事を軽減すると共に、その人をレベルアップさせることにもなりますし、ひいては、両方がスランプに陥ることを防ぐことにもつながるのです。

自分がスランプに陥った場合も同じです。他の人に救ってもらうことを考え、右往左往しているだけだと、スランプからは、なかなか抜《ぬ》け出せません。ところが、「自分で解決しよう」と一生懸命になっていると、しだいに悩みは消えていくのです。しかも、「自分でスランプを克服《こくふく》できた」と思うと、力が出てきます。それが大事なのです。

霊的《れいてき》な影響《えいきょう》が原因のスランプもある

スランプといっても、普通《ふつう》のスランプとは少し違《ちが》い、霊障《れいしょう》によるスランプの場合もあります。霊障とは、何らかの悪しき霊的《れいてき》な影響《えいきょう》を受けている状態、悪《あく》霊《れい》に取り憑《つ》かれている状態のことです。世の中には霊障の人も多いので、いろいろな人に会っていると、自分も霊障になることがよくあるのです。

霊障になると、憂鬱《ゆううつ》で不幸感覚が強くなります。ビジョンは暗くなり、物事が悪くなっていきそうに感じられ、消極的な思いが強くなるのです。

そして、肉体はだるく、いらいらして、愚痴《ぐち》っぽくなってきます。

また、判断力が鈍《にぶ》り、明快な結論が出せなくなって、判断を先に延ばすようになります。

さらには、他の人のことをあまりよく思わなくなります。たとえば、他の人に仕事を任せても、きちんとやってくれないような気がするのです。

そのため、「あの人は信用できない。この人も信用できない。自分でやらなければ」と思って発奮するのですが、思ったほどのことはできません。そして、「他人も自分も信用できない。神様も信用できない」という心境になり、ますますスランプに陥っていくのです。

こういう兆候に気づいたときには、「霊障型スランプではないか」と疑ってみてください。単なる体調不良ではないことも多いのです。

人間は、「自分はスーパーマンではないのだから、スランプになることもあるのだ」という認識《にんしき》を持たなくてはなりません。そして、スランプの兆《きざ》しを発見したならば、「危ないな」と思うことです。そこから対策が立ちはじめるのです。

Q

2 最善の選択肢《せんたくし》を選ぶ秘訣《ひけつ》

仕事上の判断において、さまざまな選択肢《せんたくし》がある場合に、最善の道を選ぶためのポイントを教えてください。

A

各意見の優劣《ゆうれつ》を知る

最善の道を選ぼうとしても、認識力《にんしきりょく》が低いうちは、なかなか難しいものがあります。「Aも正しい。Bも正しい。Cも正しい」というように見えることがあるからです。

しかし、認識力が上がると、それぞれの意見の違《ちが》いが分かるようになってきます。

まず、「意見の違いが発生する原因は何か」ということが分かります。次に、それぞれの考え方が理解できるようになります。しかも、単に理解できるだけではなく、どの考え方が、より高いのか、より正しいのか、その優劣《ゆうれつ》も、はっきり分かるようになるのです。

この世の議論というものは、どれも一片の真理を含《ふく》んでいるものです。たとえば、政治の世界において、数多くの政党が覇《は》を競《きそ》っていますが、どの政党も一片の真理は持っているわけです。

しかし、人間の目には並列的に見えても、仏の目から見れば、どれがより優《すぐ》れているかは明らかなのです。

したがって、「Aを取り、Bを捨てる」という判断の前に、それぞれの意見の優劣、高低を知ることが大事です。

中道《ちゅうどう》に入《い》り、仏法真理に照らして考える

あなたの周囲にいる人たちの意見を聴《き》いても、それぞれに、もっともな部分があるでしょう。

それらの意見の優劣、高低を知るためには、他の人の意見に振《ふ》り回されるのではなく、心を澄《す》ませて中道《ちゅうどう》に入《い》ることが大切です。中道に入り、仏法真理に照らして考えなくてはなりません。

要するに、「仏は、どの意見をより好むだろうか。いま、この場において仏が選ぶとしたら、どれだろうか」と考えるのです。

答えは必ず一つになります。複数ということは、ありえません。「これが、より仏の心に近い考え方である」というものは一つです。その一つを選び取っていくことが修行《しゅぎょう》なのです。

たとえば、「人間には自由がある」と言われています。したがって、あなた

は何をしてもよいはずですが、あなたが、ある講演の会場にいるとき、あなたの自由は制約されます。

なぜでしょうか。それは、他の人々は講演を聴きに来ているからです。そのため、あなたが講演中に「歌を歌いたい」と思ったとしても、その自由は制限されるのです。歌を歌うこと自体は悪いことではなくても、講演中に歌を歌うことが悪であることは、はっきりしています。

こういうことは、たとえ話なら簡単に分かるのに、それと似たようなことであっても、現実問題となると、なかなか分からないのが人の常です。

何が最善かは、なかなか分からないものですが、そのつど、心を澄ませて、「どれが、より仏の心に近いか」を考えることが大切です。

選択の積み重ねが霊格《れいかく》を定める

仏の心に近い選択をするためには、仏法真理の書物で学んだことを判断の材料とすることが必要です。そして、「あの本には、こう書かれていた。したがって、この場合、最善の道はこれである」という選択をしていかなくてはなりません。

そういう選択の積み重ねが、結局、「あなたは、どういう人であるか」ということの証明になり、来世《らいせ》における、あなたの霊格《れいかく》を定めることになるのです。

あなたより霊格の高い人は、あなたよりも、より仏の心に近い選択を数多くしてきた人です。一方、あなたより霊格の低い人は、あなたより劣《おと》った選択をしてきた人なのです。

みずからの選択の結果については、みずからが責任を取らなくてはなりません。したがって、あくまでも自分自身で最善のものを選んでいくことです。

一つひとつの選択は大したものではないかもしれません。しかし、より仏の心に近い選択を積み重ねていけば、やがて高い境地に達するはずです。そこに至るまでに何年かかるか、あるいは何転生《なんてんしょう》かかるかは各人の問題ですが、たとえ千年かかろうと万年かかろうと、決して諦《あきら》めないことが大事なのです。

A Q

3 経営不安を断ち切る決断の仕方

経営不安から、なかなか眠《ねむ》れない日が続いています。どうしたらよいでしょうか。

つまずきが不眠《ふみん》をもたらす

人生における波乱の時期には、なかなか眠れないものです。また、眠れないことが続く場合、たいていは霊的《れいてき》な影響《えいきょう》もあります。

しかし、「過去、眠れなくて死んだ人はいない」という事実があります。「不《ふ》眠《みん》だ。このままでは大変なことになる」と思っても、不眠が直接の原因となって死んだ人はいないのです。

実際、何日間もまったく眠らずにいられるものではありません。

したがって、不眠を致命的《ちめいてき》なものだとは考えないことです。

不眠のときには、悩《なや》みが錯綜《さくそう》していることも多いのです。二つの悩みまでは耐《た》えられても、三つになると耐えられない人がいます。あるいは、三つの悩みまでは耐えられても、四つ以上になると整理がつかず、耐えられない人もいます。

人には、それぞれ、現時点での器《うつわ》というものがあり、どの程度の悩みに耐えられるかは人によって違うのです。

「判断の材料」を集める

経営不安に陥《おちい》っている会社の経営者は、頭が混乱して、どうすればよいかが分からず、何かをがむしゃらにやろうとしたり、それを急にやめたくなったりと、気持ちが揺《ゆ》れるものです。

そういうときには、まず、現状を冷静に分析《ぶんせき》し、結論に至るための材料を集めることが必要です。

悩みを第三者の目でよく見てみると、その原因は、「現状から結論に至るまでのプロセスがはっきりしていない」ということがほとんどです。判断するための材料が充分《じゅうぶん》ではないのに、結論を出そうとして苦しみ、七転八倒《しちてんばっとう》しているわけです。

したがって、まず、判断の材料が必要になります。結論が出せずに悩んでいるときには、結論を出すための材料を集めなければならないのです。そういう材料を集めず、非常に自分本位の考え方をすると、正しい結論は出ません。

「問題の発見」が果敢《かかん》な決断を生む

判断の材料を集める際の基準は、「決定的な判断をするための材料となるもの」ということです。判断の核心《かくしん》となるものを取り出さなくてはなりません。たとえば、「この事業を続けていくべきか」「新規事業をやるか、やらないか」「不採算部門を閉めるべきか」ということなどを判断するとき、そのためのキー（鍵《かぎ》）になる部分、核になる材料は必ずあります。その部分を発見することです。

判断に迷うときには、ほとんどの場合、枝葉のところで視界がくらまされているので、枝葉を取り除き、幹のところだけを押《お》さえることが大切なのです。

他の人から相談を受けたときにも、その人の問題の幹と枝葉とを分け、幹の部分、問題の核になる部分を指摘《してき》することです。そうすれば、その人の悩みは止まり、あとは選択《せんたく》の問題だけになります。

「これが、あなたの問題のキーである。この部分に関して、結論はイエスかノーかのどちらかである。現在の状況《じょうきょう》から言って、あなたはこちらを取るべきだと思うけれども、それは、あなたが自分で判断しなければならない。どちらを取るにしても、判断を下したならば、新たな判断材料が生じないかぎり、その判断に忠実にやっていきなさい。もはや迷ってはならず、枝葉の部分を思い出してはならない。結論を選び取ったならば、それで行きなさい。そして、たとえ、苦しい状況が一時的に生じようとも、『人生には再出発が幾《いく》らでもありうる』ということを忘れてはならない」

このようにアドバイスすればよいのです。

不眠の際に精神安定剤《ざい》などを使用したところで、効果は長続きしません。問題の核心を明らかにし、考え方の筋をはっきりさせることが大切なのです。

何かを判断するとき、「これが最大の要因だ」というものは絶対にあります。

核となるもの、最も大事なものは一つです。それに関する判断で、どちらかに決めることです。

これをできる人が指導者です。また、そういう人が経営者であるべきです。指導者となるべき人、経営者となるべき人は、核の部分についての判断を下すことが大切です。幹ではなく枝葉のところばかりをあれこれと議論する人は、人の上には立てません。

経営においては、従業員など、さまざまな人たちの感情を考慮《こうりょ》する必要もあるでしょう。

しかし、判断の中心となる部分を見つけ、結論を出したならば、経営者は、「私は、こう判断するので、ついてきてほしい。ついてくることのできない者は、申し訳ないが去ってほしい」と言えるぐらいでなければならないのです。

「最悪の場合」を覚悟《かくご》する

さらには、「最悪の場合、どのような事態が起こるか」ということが予想できるでしょうから、その事態を覚悟《かくご》することも大切です。

「最悪の場合、家や土地がなくなることはあっても、生命までは奪《うば》われないだろう。家や土地は過去の十年や二十年でつくり上げた財産なのだから、働けばまたつくれるだろう。また、私を責める人だけではなく、私を助けてくれる人も出てくるだろう。

最悪の場合は、そうなるが、そこからまたスタートを切ればよい。気力があれば道は開けるはずだ」

そう決意すれば、もはや悩みはなくなります。あとは行動あるのみなのです。

「一日一生《いちにちいっしょう》」で生きてみよ

精神的にまいっており、何が何だか分からなくなっているときには、次のように考え、時間を細かく区切ることも大事です。

「自分が今日《きょう》できることは、これであり、明日《あす》できることは、これである。また、一週間後にできることは、これであり、一カ月後にできることは、これである。

自分は、いま、どの時点のことを悩んでいるのか。一カ月後のことか。半年後、一年後のことか。それとも、死ぬ間際《まぎわ》のことか」

ここで、「一日一生《いちにちいっしょう》」という教えが大事になります。すべては、今日という一日に戻《もど》ってくるのです。

明日にならなければできないことを、今日することはできません。今日できるのは、今日のことだけです。その原点に戻すのです。

今日は、今日できることをやり、先のことを悩みすぎないようにしなくてはなりません。今日のことと、明日以降のこととを分け、できる範囲《はんい》のことをやっていけばよいのです。

第3章 深い人生観、本物の自信で大きな器《うつわ》に

1 劣等感《れっとうかん》と優越感《ゆうえつかん》のあいだを揺《ゆ》れ動く人へ

私は、よく、劣等感《れっとうかん》に悩《なや》んだり、逆に優越感《ゆうえつかん》を持ったりします。特に劣等感を取り除くには、どうすればよいのでしょうか。

劣等感との闘《たたか》いに時間をかけすぎない

教えというものは相手によって変わります。教えには、入り口の教えから始まって、中級や上級まで、いろいろなものがあり、どのあたりの人を対象にするかによって考え方が変わるのです。

「自分の心を深く見つめて、劣等感などマイナスの部分を取り除いていく」

という考え方は、わりあい、広く浅く、多くの人に当てはまる教えです。「とりあえず、自分の心のなかにあるマイナスの部分について点検してみよう」というのは、比較的《ひかくてき》、重要ではあっても、最初の段階ぐらいの教えなのです。

勉強が進んでいくにつれて、次の段階では、さらに、いろいろなことを勉強し、考える必要があります。

「劣等感を取り去ろう」という考え方の、一つの問題点として挙げられるのは、「自分のことしか考えていない」ということです。劣等感に悩んでいる人は、たいてい、自分のことしか考えていなくて、ほかの人のことを考えたことがまったくないのです。

ときには、少し自分のことを忘れ、もう少し広い世界を見て、「世の中をどうにかしたい」という気持ちを起こさなければいけません。

自分が生かされている、ほんとうに大きな世界を知って、「劣等感と優越感のあいだを揺《ゆ》れる心というものが、いったい、どれほどのものなのか」ということを、よく考えてみてください。そうすれば、それにどれだけの時間をかければよいかが分かるはずです。

劣等感との闘《たたか》いに時間を費やすことは、無駄《むだ》ではありませんが、一生を費やすほどのことではないのです。劣等感と優越感のあいだを、振《ふ》り子のように揺れて一生を終えたならば、人生を振り返ったときに、何ら生産的な生き方をしていなかった自分というものを発見するはずです。

劣等感との闘いは、いったんは経験する必要のあるものだと思いますが、それにあまり時間をかけすぎると損をします。そこから早く抜《ぬ》けなければいけません。大切な人生なのですから、「もっと生産的なこと、もっと積極的なこと、もっと建設的なことを考えよう」という思いを持つことが大事なのです。

自分の素晴《すば》らしさ、独自性を発見せよ

劣等感を持っていない人はいません。また、優越感というものも、実際には劣等感の裏返しであることが多いものです。

劣等感の種《たね》を探したら、きりがありません。自分のことばかりを考えていると分かりませんが、他の人を見ていれば、それがよく分かります。人は、みな、いろいろなことで悩んでいます。見ていると、「もう、いいかげんにしてほしい」という感じがしてきます。そして、「自分もああなのかな」と思ったら、「劣等感に悩むのは、ほどほどにしよう」という気持ちが起きてくるはずです。

大勢の人たちが、一人ずつ、タコのようにタコつぼのなかに入り、それぞれ劣等感と格闘《かくとう》している図というものを想像してみてください。

タコは、タコつぼのなかに入っているうちに、つぼごと海から引き上げられ、漁師に捕らえられてしまいます。つぼから出れば逃《に》げられるのですが、「つぼ

から出たら危ない」と思い、一生懸命《いっしょうけんめい》、つぼにくっついています。つぼのなかにいればいるほど危険なのに、好んで入っているのです。

劣等感に悩む人は、タコつぼのなかに入っているタコと同じようなものだと私は思います。その劣等感に悩めば悩むほど、自分の人生を危機にさらしているのです。

タコつぼのなかのタコは、つぼから吸盤《きゅうばん》を離《はな》せば自由になれるのに、一生懸命、つぼにしがみついています。残念ですが、これが劣等感に悩む人の姿だと思います。やはり、つぼから吸盤を離して、つぼの外に出たほうがよいのです。

タコは、固定観念で、「つぼのなかは安全だ。つぼのなかに入っていれば身を護《まも》れる」と思っているのですが、劣等感に悩んでいる人も、「自分が傷つくのは嫌《いや》だ。かわいそうな自分を傷つけたくない」と思って、一生懸命、つぼのなかに自分をかくまい、「こうすれば自分は傷つかない」と思っています。すなわち、自分の内面に深く降りていき、その世界のなかにいるわけです。ところが、それでは、タコのように水中から引き揚《あ》げられてしまいます。

したがって、そこから思い切って出てしまう必要があるのです。

私が『常勝思考《じょうしょうしこう》』（幸福の科学出版刊）などで説いている「光明転回《こうみょうてんかい》」の理論は、発想を変えることによって、劣等感などの悩みから自由になる方法の一つでもあります。

劣等感と優越感のあいだを揺れ動くのではなく、違《ちが》った道を見つけることです。発想を変えてみることによって、ユニークな自分というものが見えてくることがあります。他者との単なる比較だけでは決着がつかない、自分自身の素《す》晴《ば》らしさ、独自性が見えてくることがあります。その自分を愛することが非常に大事なのです。

他の人の悩《なや》みを一緒《いっしょ》に悩む自分となれ

劣等感は誰《だれ》にでもあります。どうか、それにあまり執着《しゅうちゃく》しすぎないようにしてください。劣等感に悩み、タコのようにタコつぼのなかに入っていたら、その悩みを持って生きているだけで一生が終わってしまいます。

むしろ、次のように考えるべきです。

「自分と同じように悩んだ人たちが、過去にもいるのではないだろうか。そういう人たちが、どうやって劣等感を乗り越《こ》えたのかを学ぶことによって、悩みを解決できるのではないだろうか。

また、自分と同じような悩みを持っている人が、いま、ほかにもいるのではないだろうか。そういう人たちに対して、自分は、参考になることが言えるのではないだろうか」

このように考えることが大切なのです。

そして、いろいろなことに関し、ある程度、結論を出せるようになってきたならば、あなたは、自分自身の問題に悩んでいる人間ではなく、他の人の悩みを一緒《いっしょ》に悩んでいる人間になっています。そのときには、いつのまにか、自分自身はつぼから出ているのです。

劣等感との闘いの体験を、自分だけのものにせず、もっともっと普遍化《ふへんか》し、客観化して、他の人の考えの材料になるようなところまで高めてください。劣等感を慰《なぐさ》める材料はたくさんありますし、あなたが劣等感を克服《こくふく》したら、その方法を他の人々に教えてあげる機会は幾《いく》らでもあるはずです。

「私は、このようにして劣等感を克服した」という体験談が他の人々の導きになるなら、それによって優越感を感じても結構です。そういう優越感なら持ってもかまいません。世の中がよくなっていくからです。正当な優越感を持ってください。

結局、「劣等感は誰もが持つけれども、そこから抜け出さなければ次の一歩はない」ということです。

Q

2 他人に左右されない「真の自信」を得るには

ときどき、「自分は、自信が過ぎて、思い上がっているのではないか」と思うことがあります。真の自信と増上慢《ぞうじょうまん》の見分け方を教えてください。

A

自信と増上慢《ぞうじょうまん》の違《ちが》いは、他者との関係に表れる

自信と増上慢に共通しているもの、その根底をなしているものは、「自分は優秀《ゆうしゅう》だ。自分は優《すぐ》れたる者だ」という、みずからの優秀性の自覚です。

そして、この自覚自体は悪いものではないのです。これを持っているからこそ、人間は伸《の》びていくこと、成長していくことができるのであり、これがなけ

れば進歩はありません。

優秀性の自覚は、宇宙の二大原理である「進歩」と「調和」のうち、「進歩の原理」に適《かな》っているのです。

これは、人間が成長し、世の中や宇宙が発展・繁栄《はんえい》していくための根源的な力であり、これそのものを否定してしまう必要はありません。

したがって、優秀性の自覚自体はよいのです。ただ、その表れ方、表現形態、作用、行為《こうい》において、いろいろな問題が出てくるのです。

「悪は、それ自体で存在するのではなく、『人・時間・場所』との関係において発生する」とよく言われます。

たとえば、ある人が講演をしているときに、別の人が同じ舞台《ぶたい》に出て演劇の練習を始めたならば、それは悪になります。演劇の練習自体は悪いことではないのですが、時間と場所を間違《まちが》えています。

このように、行為自体は悪いものでなくても、組み合わせや出方によって悪になることがあるのです。

自信と増上慢の問題も、これと極《きわ》めて似たところがあります。他人の存在がなければ、両者の違《ちが》いはほとんど分かりません。他の人が誰《だれ》もいない所で、あなたが「私は偉《えら》いのだ」と言っても、それが自信なのか増上慢なのか分からないでしょう。

自信と増上慢の違いは、必ず他者との関係に表れてきます。

その人が正当な自信を持っている場合には、周りの人は、なぜか、「うまく表現できないが、この人は大したものだ」という印象を受けるものです。

ところが、その人の持っている自信らしきものが、周りには、「少し不当な自信なのではないか」と感じられるときがあります。こういうときに、本人がそれに気づかないでいると、傍目《はため》には増上慢として映るのです。

真の自信は他の人に左右されない

ここで、自信と増上慢を見分ける基準を明らかにしておきたいと思います。

増上慢の人は、自分がほめられると、うれしいのは当然ですが、他の人がほめられると、うれしくありません。特に、自分の関心領域のあたりで他の人がほめられると、うれしくないのです。これが、いちばんよく分かるチェックポイントです。

たとえば、あなたが、人前で上手《じょうず》に話すことに自信を持っているとき、人前で上手に話している人を見て、「おもしろくない」などと思うようであれば、あなたの自信は少し怪《あや》しいのです。

ほんとうの自信は正当な自己評価です。それは、「自分は仏の子として独自の個性を持った者である」ということを充分《じゅうぶん》に尊重しているものであり、絶対価値にかなり近いものです。

　そのため、ほんとうの自信は、他の人に対する評価が上がったり下がったりすることによって揺《ゆ》るがないのです。

　他の人に対する評価の上がり下がりに左右されるような自信は、真の自信ではありません。それを自信だと自分で強く思い込《こ》んでいるならば、増上慢の可能性が極めて高いわけです。

　このように、「他の人に対する評価の上がり下がりで心が動くかどうか」ということが一つの基準です。

一緒《いっしょ》にいて居心地《いごこち》がよい人になる

　もう一つの基準は、「周りの人が、その人と一緒《いっしょ》にいて、居心地《いごこち》がよいかどうか」ということです。これもよく分かる基準です。

　学生は大学のゼミナールでよく討論をしますが、なかには、その場を自分の独り舞台にしてしまう人がいます。周りの人は、その人を見て、しらけているのですが、本人は気がつきません。やがて、その人は、自分が何となく疎《うと》んじられているのを感じます。これが、自分が増上慢になっていることを自覚するときなのです。

周りの人に、その人と一緒にいたくないという雰囲気《ふんいき》が出てきたならば、これは明らかに霊的《れいてき》な反応であり、他の人は、「自分は傷つけられている」と感じています。

すなわち、その人は他の人に対して攻撃的《こうげきてき》態度になっていて、どこか他の人を害しているのです。そのため、その人と一緒にいると、他の人はチクチク刺《さ》されるように感じるわけです。この場合も、本物の自信とは違います。

本物の自信がある人には、「他の人を生かしていこう」という気持ちがあります。あるいは、自分より劣《おと》る人を見たときに、「この人を、優れた人、素晴《すば》らしい人にしたい。この人にきっかけを与《あた》えたい」という気持ちがあります。本物の自信がある人は、他の人をいろいろなかたちで導けるのです。

しかし、その人と一緒にいると他の人が傷つくのであれば、その人の自信は本物の自信ではないのです。

これは、非常にはっきりと分かる例です。

職場などで、「自分は、どうも他の人から疎んじられている。自分は浮《う》いている」という感じがしたならば、その人は、すでに増上慢に入っています。

要するに、そういう人は、「自分は愛されている」「自分は尊敬されている」という気持ちが欲《ほ》しくてしかたがないわけです。そのため、そばにいる人は、あくなき自己愛を感じ、何かを吸い取られていくような気がするのです。

「他の人が自分をほめないと許さない」という雰囲気を、いつも漂《ただよ》わせている人がいます。周りの人は、その雰囲気に負け、その人をほめるのですが、ほめたあと、何か損をしたような気になります。こういう人は他の人から愛を奪《うば》っているのです。

結局、真の自信は「与える愛」につながるものですが、増上慢は「奪う愛」に属するものなのです。

水が上から下に流れるように、優れた人は自分の持っているものを他の人に与えていきます。これができるのは自信があるからです。真の自信があると、他の人に愛を与える方向へ向かうのです。

しかし、真の自信を持っていない増上慢の人は奪う愛に走ります。そして、他の人から愛をもらうことに専念するのです。

自分の心の傾向性《けいこうせい》がどちらに属しているかを、見なければいけません。

自分の「器《うつわ》」を大きくしていく

自信と増上慢の問題は、すべての人に付きまとっていて、その人の霊格《れいかく》に関係なく出てきます。霊格や悟《さと》りのレベルが高い人、あるいは本来の使命が非常に大きい人であっても、この問題は必ず出てきます。実は、レベルの高い魂《たましい》ほど、この問題にぶつかる可能性が極めて大きいのです。

そういう人は、自分が優秀であることを本来的に自覚しているのです。しかし、その優秀性をどうしても示せないような環境《かんきょう》に出会うと、魂が苦しみます。その苦しみから逃《のが》れたくて、一時的な満足のために、他の人から評価されようとするのです。

こういう段階が人生にはあります。自分が、いま、その時期にあるならば、それを乗り切っていくためには、「他の人に認められて初めてどうなる」ということではなく、自分自身が満足できるような実績をつくっていくことです。

これが、いちばん大事です。

また、そういう人が自分の周りにいるときには、包み込むような優しい気持ちを持たなければいけません。「こういう時期は誰にでもあるものだ。この人の魂は、いま苦しんでいるが、これを乗り越《こ》えれば、きっと立派になる」というような目で見て、その人を許すことが大事なのです。

そして、自分のことを「金平糖《コンペイトー》のようにとがっている」と思っている人は、とがった部分を削《けず》り取るのではなく、とがった部分のあいだを埋《う》めていき、器《うつわ》を大きくしていく努力をしてください。時間はかかりますが、心掛《こころが》けていれば必ずそうなります。

とがった部分を悪と思い、それを切り取らなければいけないと悩《なや》むのではなく、「とがった部分を包む大きな器になればよいのだ。器を小さくすることに努力するのではなく、器を大きくしていくことによって、とがった部分をなくしていこう」と思い、あいだの部分を埋めていくのです。とがった部分をいたずらに削るより、器を大きくしていったほうが、多くの人のためになります。そのような考え方を持ってください。

3　さわやかな人間になるための三つの条件

『幸福への道標《どうひょう》』（大川隆法著、幸福の科学出版刊）の第二部第5章「透明《とうめい》な時間のなかで」に、「さわやかに生きる」ということが書かれています。この「さわやかに生きる」ということを、私自身の課題にしたいと考えています。これについて詳《くわ》しく教えてください。

第一の条件――潔《いさぎよ》さ

『幸福への道標』では、さわやかに生きていると言えるための条件として、まず、「潔《いさぎよ》さ」ということを挙げています。

現代では、潔い人をあまり見かけなくなりました。弁解や言い訳が多くて、なかなか反省ができず、非常に理屈《りくつ》っぽくなっているのが現代人の特徴《とくちょう》です。学校の勉強や、社会に出てから経験することの影響《えいきょう》もあるのでしょうが、現代人には言い訳をする癖《くせ》があります。知恵《ちえ》がつくと、いろいろと理由をつけたがる傾向《けいこう》が生じてきて、心の素直《すなお》さを失っていく面もあるのです。

したがって、「自分は、弁解や言い訳をする傾向が少し強くなってきた」と感じたときには、潔さということを思い出してください。

人間には失敗が付き物ですが、失敗したとき、それを潔く認めることは、魂《たましい》が前進するための方法です。失敗したときに潔さがないと、次のステップに、なかなか踏《ふ》み出せないのです。

潔さを言う人は、現代では、ほとんどいなくなりました。そういうことを言うのは「忠臣蔵《ちゅうしんぐら》」の時代あたりが最後であって、現代人は言わなくなっていると思います。

しかし、「潔い」という言葉の意味を心に刻んでおくだけでも大事なのです。

第二の条件――見返りを求めない態度

次には、「多くの人たちに分け与《あた》えて、見返りを求めない態度」を挙げてあります。

こういう人は、ほんとうに少なく、百人に一人もいませんが、よく目を凝《こ》らして見ると、やはりいることはいるのです。

したがって、そういう人間になろうと思うことが出発点です。

朝、「おはようございます」と言って、人々の胸に花をサッと差し込《こ》んで、スーッと通り過ぎていくような人格を目指すことです。

いつも心掛《こころが》けていると、やがて、風のように自然に通り過ぎていける性格になることができます。ぜひ努力してみてください。

第三の条件①――生命の有限を悟《さと》る

三番目には、「ある意味で、自分の生命を有限なものとして、また別な意味では、無限なものとして悟《さと》っていること」を挙げています。

やや禅問答《ぜんもんどう》のような説明ですが、「生命が有限である」とは、要するに、「いま生きている人間は、早い人は数年以内に、遅《おそ》い人でも何十年か先には地上を去る」ということです。

いま生きている人で、百年後にも生きている人は、ほとんどいません。なかには頑張《がんば》って生きている人もいるでしょうが、たいていの人は百年後には生きていないのです。

家族や親戚《しんせき》、隣近所《となりきんじょ》の人なども、一人残らず死ぬことになっています。「みんな死んでいくんだな」と思うと、周りの人々が何かかわいそうに見えてくるでしょう。そして、自分自身も、何年か何十年かあとには死んでいく身であり、この地上を去っていかなければならないのです。

しかし、幸福の科学は、死んだあとには来世《らいせ》があることを保証しています。やがては地上を去らなくてはならない以上、「人々の心のなかに、何かさわやかなものを遺《のこ》していきたい」と思うのが当然ではないでしょうか。

人にはそれぞれの顔があるように、心もそれぞれであり、来世において、行く世界は違います。まったく同じ世界に行く人は非常に少なく、たとえば千人の人がいたとすれば、そのうちの、ほんの数名が、もしかすると、近い世界に還《かえ》るかもしれないという程度です。あとの人たちは別々の世界に行ってしまい、会うことは、ほとんどないのです。

そう考えると、何かの縁《えん》で出会った人に対して、「五月の風のように新鮮《しんせん》でさわやかな印象を与えたい」という気持ちを持つことは当然なのです。

第三の条件②——生命の無限を悟る

一方、「生命が無限である」とは、「人生は、幾《いく》らでも、やり直しがきく」という意味です。これは非常に大きな愛なのです。

死後、来世で地獄《じごく》に堕《お》ちるのは辛《つら》いことであり、怖《こわ》いことだと思います。しかし、「地獄に堕ちても、魂を消滅《しょうめつ》させられることがない」というのは、ありがたいことです。落第をしても、頑張ってまた勉強すれば、及第《きゅうだい》することもあるわけです。

地獄に堕ちると魂を消滅させられるのでは大変です。それでは、長い転生輪廻《てんしょうりんね》の過程で、ほとんどの人は魂が消滅してしまうでしょう。

地獄に堕ちるのは辛いことですが、別の見方をすれば、合格点を取れずに落第したことが、はっきりしているのに、それでもまだ生かしておいてもらえるのです。しかも、地獄で何百年か修行《しゅぎょう》すれば、天国へ還ることができます。そして、もう一度、地上に生まれ変わらせてもらえます。これほどありがたいことはありません。

むしろ、毎回、落第するほうが難しいぐらいです。「いつも落第」という人は、よほど〝根性〟があるとしか言いようがありませんが、それでも、やり直しがきくのです。

悪《あ》しきカルマ（業《ごう》）の刈《か》り取りをするために、過去世《かこぜ》で魂的に何か問題をつくった相手と、同じ時代、同じ地域に生まれることもよくあります。身内であったり、友人であったり、出会い方はいろいろですが、かつては敵同士だったような人と、地上でまた出会うことが多いのです。

このように、やり直しのチャンスを何度も与えてもらっているわけです。

「無限にやり直しがきく」ということも、さわやかに潔く生きることにつながります。「一回きりの人生であって、取り返しがつかない」と思えば、じたばたと見苦しい生き方をするかもしれませんが、もう一回、さらには、二回、三回、四回、五回、六回……と、やり直すチャンスは何度もあるのです。

宗教的には、転生輪廻《てんしょうりんね》を単なる苦痛としてのみ考える見方もありますが、「これほど失敗ばかりしているのに、魂を消滅させられることなく生かしておいてもらっている。ありがたいことだ」と達観することも大事です。

そういう気持ちを持っていると、さわやかに生きざるをえなくなるのです。

あとがき

数多くの人生のヒントがちりばめられた書物である。折々にひもとけば、その時々のあなたに必要なインスピレーションが与えられるだろう。人生の書として本書を座右《ざゆう》に置き、自分をつくり変え、世の中をユートピアにしていくための力としてもらえば幸いである。

二〇〇七年　七月

幸福《こうふく》の科学《かがく》グループ創始者兼総裁《そうししゃけんそうさい》　大川隆法《おおかわりゅうほう》

本書は月刊「ザ・リバティ」(幸福の科学出版刊)掲載の左記の質疑応答をとりまとめ、加筆したものです。タイトルは、掲載時と異なるものもあります。

第一部 タフな自分をつくる

第1章 「説得力」が増す人間関係学

1 成功を呼ぶ「話の聴き方」……一九九九年十一月号
2 人間関係がスムーズになる「距離の取り方」……一九九九年十月号
3 目上の人の心を動かす説得術……二〇〇〇年七月号

第2章 理想を実現できる人、できない人

1 長所を伸ばせば、環境は変化する……二〇〇六年九月号
2 運命は変えることができる……二〇〇〇年四月号
3 理想を実現するための「粘り抜く力」……二〇〇二年六月号

第3章 もっとタフな自分になる

1 政治・経済に強くなるには……一九九九年六月号
2 スピリチュアルに自分を見つめる……二〇〇〇年三月号
3 嫉妬や批判に、どう対処するか……一九九八年二月号

第二部　感化力あるリーダーシップ

第1章　市場で生き残る人になるために

1　指導力の元になるものとは……二〇〇一年二月号〜三月号
2　市場で淘汰されないための、ただ一つの法則……二〇〇二年十月号〜十一月号
3　坂本龍馬のような、「肚のできた人物」になる方法……一九九九年三月号

第2章　あなたへの信頼感が高まる、人の生かし方

1　それは、リーダーの愛か？　エゴか？……一九九九年五月号
2　部下を奮い立たせる「叱り方」……一九九九年四月号
3　西郷隆盛の限界……一九九九年七月号

第3章　「愛」と「智慧」で、リーダーシップに差をつける

1　指導力が変わる「悟り」と「魂の器」……二〇〇〇年九月号
2　大きな仕事をする五つの武器……一九九七年六月号
3　リンカンやナポレオンに見る、国民を導く指導者像……一九九九年九月号
4　文明の流れから、今後の国際情勢を読み解く……二〇〇六年二月号〜四月号

第三部　ストレスを乗り切る秘訣

第1章　心の波立ちを静めて、仕事に成果を

1　疲労、いらだち、憂鬱感を乗り切るコツ……二〇〇〇年十二月号
2　デキる人ほど難しい？「平静心」の磨き方……二〇〇三年七月号～八月号
3「欲が過ぎて不幸になる人」の特徴……二〇〇六年五月号～六月号

第2章　ストレス知らずの決断力の磨き方

1　管理職のためのスランプ脱出法……一九九八年六月号
2　最善の選択肢を選ぶ秘訣……二〇〇〇年十一月号
3　経営不安を断ち切る決断の仕方……一九九八年五月号

第3章　深い人生観、本物の自信で大きな器に

1　劣等感と優越感のあいだを揺れ動く人へ……二〇〇二年四月号
2　他人に左右されない「真の自信」を得るには……二〇〇一年五月号
3　さわやかな人間になるための三つの条件……一九九七年三月号

『感化力』関連書籍

『常勝の法』（大川隆法 著　幸福の科学出版刊）
『成功の法』（同右）
『希望の法』（同右）
『大川隆法　初期重要講演集　ベストセレクション④』（同右）
『大川隆法　初期重要講演集　ベストセレクション⑤』（同右）
『常勝思考』（同右）
『幸福への道標』（同右）
『ユートピア創造論』（同右）

大川 隆法（おおかわ りゅうほう）

幸福の科学グループ創始者 兼 総裁。

1956(昭和31)年7月7日、徳島県に生まれる。東京大学法学部卒業後、大手総合商社に入社し、ニューヨーク本社に勤務するかたわら、ニューヨーク市立大学大学院で国際金融論を学ぶ。81年、大悟し、人類救済の大いなる使命を持つ「エル・カンターレ」であることを自覚する。

86年、「幸福の科学」を設立。信者は世界168カ国以上に広がっており、全国・全世界に精舎・支部精舎等を700カ所以上、布教所を約1万カ所展開している。説法回数は3450回を超え（うち英語説法150回以上）、また著作は41言語に翻訳され、発刊点数は全世界で3100書を超える（うち公開霊言シリーズは600書以上）。『太陽の法』『地獄の法』をはじめとする著作の多くはベストセラー、ミリオンセラーとなっている。また、27作の劇場用映画の製作総指揮・原作・企画のほか、450曲を超える作詞・作曲を手掛けている。

ハッピー・サイエンス・ユニバーシティと学校法人 幸福の科学学園（中学校・高等学校）の創立者、幸福実現党創立者兼総裁、HS政経塾創立者兼名誉塾長、幸福の科学出版（株）創立者、ニュースター・プロダクション（株）会長、ARI Production（株）会長でもある。

感《かん》化《か》力《りょく》

——スキルの先にあるリーダーシップ——

2007年 8 月25日　初版第 1 刷
2023年 3 月 1 日　　　第 7 刷

著　者　大《おお》川《かわ》隆《りゅう》法《ほう》

発行所　幸福の科学出版株式会社
〒107-0052 東京都港区赤坂 2 丁目 10 番 8 号
TEL　(03)5573-7700　　https://www.irhpress.co.jp/

印刷・製本　　株式会社 研文社

落丁・乱丁本はおとりかえいたします

©Ryuho Okawa 2007. Printed in Japan. 検印省略

ISBN978-4-87688-578-7 C0030

装丁・イラスト・写真©幸福の科学

大川隆法ベストセラーズ・大川隆法の仕事法・成功法

自分を鍛える道

沈黙の声を聞き、本物の智慧を得る

成功を持続させる極意がここに。本書の題名どおり、「自分を鍛える道」そのものの人生を生きてきた著者が明かす、「知的生産」の源泉と「創造」の秘密。

1,760円

凡事徹底と成功への道

現代人が見失った「悟りの心」とは？ 日常生活や実務のなかに流れる「宗教的感覚」や、すべての世界に共通する「一流になる法則」を説き明かす。

1,650円

常勝の法

人生の勝負に勝つ成功法則

人生全般にわたる成功の法則や、不況をチャンスに変える方法など、あらゆる勝負の局面で勝ち続けるための兵法を明かす。

1,980円

成功の法

真のエリートを目指して

愛なき成功者は、真の意味の成功者ではない。個人と組織の普遍の成功法則を示し、現代人への導きの光となる、勇気と希望の書。

1,980円

※表示価格は税込10%です。

大川隆法ベストセラーズ・人生成功の王道を学ぶ

コロナ時代の経営心得

未来への不安は、この一書で吹き飛ばせ！逆境を乗り越え、真の発展・繁栄の王道を歩むための「経営の智恵」が凝縮された100の言葉。

1,540円

人格をつくる言葉

人生の真実を短い言葉に凝縮し、あなたを宗教的悟りへと導く、書き下ろし箴言集。愛の器を広げ、真に魅力ある人となるための100の指針。

1,540円

仕事への言葉

あなたを真の成功へと導く仕事の極意が示された書き下ろし箴言集。ビジネスや経営を通して心豊かに繁栄するための100のヒントがここに。

1,540円

人生への言葉

幸福をつかむ叡智がやさしい言葉で綴られた書き下ろし箴言集。「真に賢い人物」に成長できる、あなたの心を照らす100のメッセージ。

1,540円

大川隆法ベストセラーズ・人間力を高めるために

人格力

優しさと厳しさのリーダーシップ

月刊「ザ・リバティ」に連載された著者の論稿を書籍化。ビジネス成功論、リーダー論、そして、日本を成長させ、世界のリーダーとなるための「秘術」が書き込まれた一冊。

1,760円

人に嫌われる法則

自分ではわからない心のクセ

自分勝手、自慢話、他人や環境のせい……、人に嫌われる「原因」と「対処法」を解説。心のクセを客観視して、愛される自分に変わるためのヒントが満載。

1,650円

エル・カンターレ 人生の疑問・悩みに答える 人間力を高める心の磨き方

人生の意味とは、智慧とは、心とは──。多くの人々の「心の糧」「人生の道標」となった、若き日の質疑応答集。人類の至宝とも言うべきシリーズ第４弾!

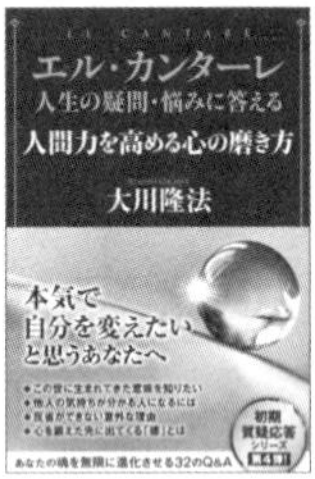

1,760円

自助論の精神

「努力即幸福」の境地を目指して

運命に力強く立ち向かい、「努力即幸福」の境地へ──。嫉妬心や劣等感の克服、成功するメカニカルな働き方等、実践に基づいた珠玉の人生訓を語る。

1,760円

※表示価格は税込10%です。

著作3100書突破!　大川隆法シリーズ・最新刊

法シリーズ 第29巻

地獄の法

あなたの死後を決める「心の善悪」

詳細は
コチラ

どんな生き方が、死後、天国・地獄を分けるのかを明確に示した、姿を変えた『救世の法』。現代に降ろされた「救いの糸」を、あなたはつかみ取れるか?

第1章　地獄入門
―― 現代人に身近に知ってほしい地獄の存在

第2章　地獄の法
―― 死後、あなたを待ち受ける「閻魔」の裁きとは

第3章　呪いと憑依
―― 地獄に堕ちないための「心のコントロール」

第4章　悪魔との戦い
―― 悪魔の実態とその手口を明らかにする

第5章　救世主からのメッセージ
―― 地球の危機を救うために

2,200円

小説　地獄和尚《おしょう》

「あいや、待たれよ。」行く手に立ちはだかったのは、饅頭笠《まんじゅうがさ》をかぶり黒衣に身を包んだ一人の僧だった――。『地獄の法』著者による新たな書き下ろし小説。

1,760円

幸福の科学出版

幸福の科学グループのご案内

宗教、教育、政治、出版などの活動を通じて、地球的ユートピアの実現を目指しています。

幸福の科学

一九八六年に立宗。信仰の対象は、地球系霊団の最高大霊、主エル・カンターレ。世界百六十八カ国以上の国々に信者を持ち、全人類救済という尊い使命のもと、信者は、「愛」と「悟り」と「ユートピア建設」の教えの実践、伝道に励んでいます。

（二〇二三年二月現在）

愛

幸福の科学の「愛」とは、与える愛です。これは、仏教の慈悲《じひ》や布施《ふせ》の精神と同じことです。信者は、仏法真理をお伝えすることを通して、多くの方に幸福な人生を送っていただくための活動に励んでいます。

悟り

「悟り」とは、自らが仏の子であることを知るということです。教学《きょうがく》や精神統一によって心を磨き、智慧《ちえ》を得て悩みを解決すると共に、天使・菩薩《ぼさつ》の境地を目指し、より多くの人を救える力を身につけていきます。

ユートピア建設

私たち人間は、地上に理想世界を建設するという尊い使命を持って生まれてきています。社会の悪を押しとどめ、善を推し進めるために、信者はさまざまな活動に積極的に参加しています。

国内外の世界で貧困や災害、心の病で苦しんでいる人々に対しては、現地メンバーや支援団体と連携して、物心両面にわたり、あらゆる手段で手を差し伸べています。

年間約２万人の自殺者を減らすため、全国各地で街頭キャンペーンを展開しています。

公式サイト **www.withyou-hs.net**

自殺防止相談窓口

受付時間　火～土:10～18時（祝日を含む）

TEL **03-5573-7707** メール **withyou-hs@happy-science.org**

ヘレン・ケラーを理想として活動する、ハンディキャップを持つ方とボランティアの会です。視聴覚障害者、肢体不自由な方々に仏法真理を学んでいただくための、さまざまなサポートをしています。

公式サイト **www.helen-hs.net**

入会のご案内

幸福の科学では、大川隆法総裁が説く仏法真理《ぶっぽうしんり》をもとに、「どうすれば幸福になれるのか、また、他の人を幸福にできるのか」を学び、実践しています。

入会

仏法真理を学んでみたい方へ

大川隆法総裁の教えを信じ、学ぼうとする方なら、どなたでも入会できます。入会された方には、『入会版「正心法語《しょうしんほうご》」』が授与されます。

入会ご希望の方はネットからも入会申し込みができます。

happy-science.jp/joinus

三帰《さんき》誓願《せいがん》

信仰をさらに深めたい方へ

仏弟子としてさらに信仰を深めたい方は、仏《ぶっ》・法《ぽう》・僧《そう》の三宝《さんぽう》への帰依を誓う「三帰誓願式」を受けることができます。三帰誓願者には、『仏説・正心法語』『祈願文《きがんもん》①』『祈願文②』『エル・カンターレへの祈り』が授与されます。

幸福の科学 サービスセンター
TEL 03-5793-1727
（受付時間／火～金：10～20時　土・日祝：10～18時（月曜を除く））

幸福の科学 公式サイト
happy-science.jp

ハッピー・サイエンス・ユニバーシティ

Happy Science University

ハッピー・サイエンス・ユニバーシティとは

ハッピー・サイエンス・ユニバーシティ（HSU）は、大川隆法総裁が設立された
「現代の松下村塾」であり、「日本発の本格私学」です。
建学の精神として「幸福の探究と新文明の創造」を掲げ、
チャレンジ精神にあふれ、新時代を切り拓く人材の輩出を目指します。

人間幸福学部　経営成功学部　未来産業学部

HSU長生キャンパス TEL **0475-32-7770**
〒299-4325 千葉県長生郡長生村一松丙 4427-1

未来創造学部

HSU未来創造・東京キャンパス
TEL **03-3699-7707**
〒136-0076 東京都江東区南砂2-6-5　公式サイト **happy-science.university**

学校法人 幸福の科学学園

学校法人 幸福の科学学園は、幸福の科学の教育理念のもとにつくられた教育機関です。人間にとって最も大切な宗教教育の導入を通じて精神性を高めながら、ユートピア建設に貢献する人材輩出を目指しています。

幸福の科学学園

中学校・高等学校（那須本校）
2010年4月開校・栃木県那須郡（男女共学・全寮制）
TEL **0287-75-7777**　公式サイト **happy-science.ac.jp**

関西中学校・高等学校（関西校）
2013年4月開校・滋賀県大津市（男女共学・寮及び通学）
TEL **077-573-7774**　公式サイト **kansai.happy-science.ac.jp**

仏法真理塾「サクセスNo.1」

全国に本校・拠点・支部校を展開する、幸福の科学による信仰教育の機関です。小学生・中学生・高校生を対象に、信仰教育・徳育にウエイトを置きつつ、将来、社会人として活躍するための学力養成にも力を注いでいます。

TEL 03-5750-0751（東京本校）

エンゼルプランV

東京本校を中心に、全国に支部教室を展開。信仰をもとに幼児の心を豊かに育む情操教育を行い、子どもの個性を伸ばして天使に育てます。

TEL 03-5750-0757（東京本校）

エンゼル精舎

乳幼児が対象の、託児型の宗教教育施設。エル・カンターレ信仰をもとに、「皆、光の子だと信じられる子」を育みます。
（※参拝施設ではありません）

不登校児支援スクール「ネバー・マインド」

TEL 03-5750-1741

心の面からのアプローチを重視して、不登校の子供たちを支援しています。

ユー・アー・エンゼル！（あなたは天使！）運動

障害児の不安や悩みに取り組み、ご両親を励まし、勇気づける、障害児支援のボランティア運動を展開しています。

一般社団法人 ユー・アー・エンゼル
TEL 03-6426-7797

NPO活動支援

学校からのいじめ追放を目指し、さまざまな社会提言をしています。また、各地でのシンポジウムや学校への啓発ポスター掲示等に取り組む一般財団法人「いじめから子供を守ろうネットワーク」を支援しています。

公式サイト mamoro.org　ブログ blog.mamoro.org
相談窓口 TEL.03-5544-8989

百歳まで生きる会～いくつになっても生涯現役～

「百歳まで生きる会」は、生涯現役人生を掲げ、友達づくり、生きがいづくりを通じ、一人ひとりの幸福と、世界のユートピア化のために、全国各地で友達の輪を広げ、地域や社会に幸福を広げていく活動を続けているシニア層（55歳以上）の集まりです。

【サービスセンター】TEL 03-5793-1727

シニア・プラン21

「生涯現役人生」を目指すための「百歳まで生きる会」の研修部門として、活動しています。心を見つめ、新しき人生の再出発、社会貢献を目指しています。

【サービスセンター】TEL 03-5793-1727

幸福実現党

幸福実現党 釈量子サイト
shaku-ryoko.net
Twitter 釈量子@shakuryokoで検索

内憂外患《ないゆうがいかん》の国難に立ち向かうべく、2009年5月に幸福実現党を立党しました。創立者である大川隆法党総裁の精神的指導のもと、宗教だけでは解決できない問題に取り組み、幸福を具体化するための力になっています。

幸福実現党 党員募集中

あなたも幸福を実現する政治に参画しませんか。

＊申込書は、下記、幸福実現党公式サイトでダウンロードできます。
住所：〒107-0052 東京都港区赤坂2-10-8 6階 幸福実現党本部
TEL 03-6441-0754 FAX 03-6441-0764
公式サイト hr-party.jp

HS政経塾

大川隆法総裁によって創設された、「未来の日本を背負う、政界・財界で活躍するエリート養成のための社会人教育機関」です。既成の学問を超えた仏法真理を学ぶ「人生の大学院」として、理想国家建設に貢献する人材を輩出するために、2010年に開塾しました。現在、多数の市議会議員が全国各地で活躍しています。

TEL 03-6277-6029
公式サイト hs-seikei.happy-science.jp

出版 メディア 芸能文化 幸福の科学グループ

幸福の科学出版

大川隆法総裁の仏法真理の書を中心に、ビジネス、自己啓発、小説など、さまざまなジャンルの書籍・雑誌を出版しています。他にも、映画事業、文学・学術発展のための振興事業、テレビ・ラジオ番組の提供など、幸福の科学文化を広げる事業を行っています。

アー・ユー・ハッピー？
are-you-happy.com

ザ・リバティ
the-liberty.com

幸福の科学出版
TEL **03-5573-7700**
公式サイト **irhpress.co.jp**

THE FACT
ザ・ファクト
マスコミが報道しない「事実」を世界に伝えるネット・オピニオン番組

YouTubeにて随時好評配信中！

ザ・ファクト 検索

NEW STAR PRODUCTION

ニュースター・プロダクション

「新時代の美」を創造する芸能プロダクションです。多くの方々に良き感化を与えられるような魅力あふれるタレントを世に送り出すべく、日々、活動しています。 公式サイト **newstarpro.co.jp**

ARI Production

ARI《アリ》 Production《プロダクション》

タレント一人ひとりの個性や魅力を引き出し、「新時代を創造するエンターテインメント」をコンセプトに、世の中に精神的価値のある作品を提供していく芸能プロダクションです。 公式サイト **aripro.co.jp**

大川隆法　講演会のご案内

大川隆法総裁の講演会が全国各地で開催されています。講演のなかでは、毎回、「世界教師」としての立場から、幸福な人生を生きるための心の教えをはじめ、世界各地で起きている宗教対立、紛争、国際政治や経済といった時事問題に対する指針など、日本と世界がさらなる繁栄の未来を実現するための道筋が示されています。

2022年7月7日 さいたまスーパーアリーナ
「甘い人生観の打破」

2019年7月5日 福岡国際センター
「人生に自信を持て」

2019年10月6日 ザ ウェスティン ハーバー キャッスル トロント(カナダ)
「The Reason We Are Here」

2011年3月6日 カラチャクラ広場(インド)
「The Real Buddha and New Hope」

2019年3月3日 グランド ハイアット 台北(台湾)
「愛は憎しみを超えて」

講演会には、どなたでもご参加いただけます。
最新の講演会の開催情報はこちらへ。 ⟹ 大川隆法総裁公式サイト
https://ryuho-okawa.org